一個人的紫禁城

孫克勤——編著

中華書局

目 錄

紫禁城掠影

●

說起紫禁城，總有一種神祕感，或許因為宮廷戲的熱播，或許因為紫禁城近六百年的帝王歷史，「皇帝、皇宮、皇權」讓人備感神祕。幻想有一天能在空無一人的故宮裏漫步，這逐漸成了我心裏一個近在咫尺又遙不可及的夢。這一天終於到來了！我獨自一人走在偌大而又空曠的紫禁城，整座城池空無一人，只屬於我一個人的紫禁城。我穿過一條條靜謐的宮道，跨過一扇扇百轉千迴的宮門，漫步尋幽紫禁城，探尋深宮重樓裏每一個角落。紫禁城，縱然歷經滄桑，卻依然綻放輝煌。每個人心中，都有一個屬於自己的紫禁城。紫禁城，紅牆黃瓦帝王家，王朝更替輪迴，在歲月的流年中，承載着歷史的厚重，鐫刻着王朝的傳奇……

紫禁城的「紫」，是指紫微星垣。我國古代天文學家將天上的星宿分為三垣、二十八宿和其他星座。三垣指太微垣、紫微垣和天市垣。紫微垣是中垣，又稱紫微宮、紫宮。它在北斗星的東北方。依照中國古代星象學說，紫微垣（即北極星）位於中天，乃天帝所居，天人對應，是以皇帝的居所又稱紫禁城。封建帝王以天帝之子自居，皇帝辦理朝政與日常居住的地方也就成了天下的中心。又因皇宮是等級森嚴的封建社會中級別最高的「禁區」，便有紫禁城的「禁」字來強調皇宮的無比尊嚴。

二十一世紀的今天，讓人意想不到是一向以威嚴自居的紫禁城放下架子講萌事兒，推出「皇帝的一天」「韓熙載夜宴圖」「清代皇帝服飾」等題材豐富、風格各異的一系列活動，更好地傳播紫禁城文化。或許將來，萌遊紫禁城也會成為現實。

「山河千里國，城闕九重門。不睹皇居壯，安知天子尊。」唐代駱賓王寥寥幾句詩，就把世人對帝王宮殿的尊崇與好奇表現出來了。沒有了皇帝的紫禁城隱沒了昔日的霸氣與莊嚴，但作為世界上最大的皇家建築群，仍然充滿神祕感和震懾力。紫禁城的地位毋庸置疑，漫步其間，它的大氣與磅礴盡在不言中。紫禁城，華麗的背後寫滿了滄桑。雕欄玉砌猶在，春花秋月未了，紫禁城還是當年的樣子，唯獨不見帝王的蹤影。

當清朝最後一個帝王溥儀被逐出紫禁城，偌大的宮殿只留下永恆的記憶。百轉千迴，一代代王朝更迭，承載了明、清王朝的繁華與落寞。現在人們可以堂而皇之地走進深宮御苑，探訪當年帝王舉行朝會與盛典之地，還有充滿傳奇色彩的三宮六院。一個人漫步在夢幻般的紫禁城，內心充滿敬畏與震撼，感受一種前所未有的體驗，思緒彷彿穿越了歷史，有如一次夢幻般的神奇旅行 —— 一個人的紫禁城。

紫禁城是明朝的第三個皇帝朱棣，也就是永樂皇帝在 1406 年開始營造的，用了十四年的時間於 1420 年建成，它是在元大都皇宮舊址上誕生的，最終成為中國明、清兩代統治天

太和門前銅獅

下的最高政治中心。紫禁城比朱元璋修建的南京宮殿更加宏大。於是，永樂帝下詔正式定都北京。大明王朝的政治重心就此移至朱棣的「龍興之地」了。朱棣（1360-1424 年）：明朝第三位皇帝，明太祖朱元璋第四子，元至正二十年（1360 年）四月十七日生於應天（今江蘇南京）。明洪武三年（1370 年）四月七日封燕王。建文四年（1402 年）六月十七日即皇帝位，次年改元永樂。朱棣在位期間完善政治制度，發展經濟，開拓疆域，遷都北京，編修《永樂大典》，派遣鄭和下西洋，使明朝發展到頂峰，明成祖朱棣統治時期被稱為「永樂盛世」。

朱棣在建文元年（1399 年）發動「靖難之役」。1402 年，一直鎮守北方的燕王朱棣費盡心機，終於奪取了自己侄兒建文帝的天下，當上了大明王朝第三個皇帝。據說，當朱棣的軍隊攻破都城應天府（今江蘇省南京市）時，建文帝在火海中下落不明。朱棣從此留下了一塊心病，總是擔心建文帝會從某個地方冒出來。作為一個從侄兒手中奪取皇權的皇帝，他面臨太多棘手的問題。對反對他的建文帝舊臣的殺戮仍在繼續。

朱棣登基不久，一心想為建文帝報仇的御史大夫景清在朝堂上意圖謀刺，險些要了朱棣的命。這之後，他經常做噩夢。由於建文帝在南京的影響較大，朱棣便強烈懷念起居住多年的根據地北平來。永樂元年的農曆正月十三日這一天，朱棣按祖制祭祀完天地後回到皇宮，禮部尚書李至剛提議，北平是皇上承運龍興之地，應該遵循太祖高皇帝另設一個都城的制度，把北平立為京都。永樂皇帝非常開心，當即答應了下來。之後，將北平改為北京，成為王朝第二個京都的聖旨昭告天下。就這樣，一場營建紫禁城的浩大工程拉開了序幕，朱棣就是紫禁城的締造者。

永樂十九年（1421 年）正月，朱棣率百官正式由南京遷都北京。公元 1421 年，在宮殿剛剛建成之後，迎來了那一年的農曆新年。這一天，朱棣在新落成的宮殿裏，舉行了規模宏大的朝賀儀式。他登上高敞壯闊的奉天殿，即紫禁城太和殿的前身，接受大臣們的跪拜。朱棣和大臣們都為這座輝煌無比的宮殿所振奮與鼓舞。

然而，令人意想不到的是，公元 1421 年 5 月 9 日這一天，天氣驟變，雷鳴電閃，紫禁城的奉天殿（太和殿前身）被雷火擊中，頓時烈火連天，黑煙滾滾。朱棣動用了十萬工匠、百萬民工，傾「洪荒之力」建造在紫禁城中央的奉天、華蓋、謹身三大殿，只存在了三個月，瞬間就毀於這場天火。這對朱棣是一個致命的打擊。更令他痛苦的是對自身的懷疑。這也許是天意，驚恐與矛盾中的永樂皇帝，在永樂時代沒有再進行重建工作。之後的二十年中，曾經輝煌如夢境一般的紫禁城中軸線，是火災留下的一片廢墟。

永樂二十二年（1424 年）七月，明成祖朱棣致力消除邊患發動第六次北征蒙古的行動，親征漠北。然而戎馬一生的他居然從馬上摔了下來，十八日在北征蒙古途中的榆木川（今內蒙古烏珠穆沁）走到生命的盡頭，是年六十五歲。由於事情來得突然，隨征的大臣們恐怕傳揚出去朝廷中會生變故，於是蒐集軍中錫器鑄成一口棺材，將他的屍體祕密裝殮起來，每天還是照常送上飲食，不知情的大臣仍然一如既往地上奏。回到北京附近，才派人密報太子。十二月十九日，朱棣被葬於北京十三陵長陵。

太和門廣場

朱棣不僅為大明王朝建造了一座永載史冊的宮殿，也為自己建了一座前無古人的陵寢 —— 長陵。永樂皇帝朱棣死後與他的徐皇后葬在十三陵最早且最大的皇陵 —— 長陵。長陵高大巍峨的祾恩殿殿中端坐於九龍寶座之上的永樂皇帝朱棣的銅像，形象逼真，做工精湛考究，精美絕倫。

公元 1436 年，明英宗朱祁鎮即位。這位只有九歲的孩子十分崇拜他的曾祖父朱棣，他一登上皇位就做了一件他的祖父和父親都沒有做成的事情 —— 重修紫禁城。

這一年的秋天，朱祁鎮下詔「命太監阮安、都督同知沈清、少保工部尚書吳中率軍伕數萬人修建京師九門城樓」。又過了五年，他正式下詔重修三大殿、乾清宮和坤寧宮。下詔當日工程就正式動工。一年半之後，拖延了十幾年的重建工作完成了。一切塵埃落定，紫禁城又完好如初。

皇帝自稱是天子，皇宮既喻為紫宮，又是禁地，因此稱為「紫禁城」。故宮舊稱紫禁城，從明朝永樂到清朝宣統，共有二十四位皇帝相繼在此登基執政，統治中國達四百九十一年。至於誰是紫禁城的設計者，眾說紛紜，據目前流傳最廣的說法，紫禁城的設計者是明代一位傑出的匠師，姓蒯名祥，還有人認為是蔡信、楊青……

紫禁城平面呈長方形，南北長約九百六十一米，東西寬約七百五十三米，佔地面積約七十二萬四千二百五十平方米。據說，最完整時期的紫禁城共有宮殿房屋九千九百零九間半，現存八千七百二十八間。整個宮城被十餘米高、三千四百二十八米長的高大城牆所環繞，城牆外是五十二米寬、六米深的護城河。城牆四角各有一座造型獨特，美輪美奐的角樓，俗稱「九樑十八柱七十二條脊」的藝術傑作。城牆四邊各有一門：南為午門，北為神武門，東為東華門，西為西華門。

曾經顯赫一時的紫禁城，如今依舊璀璨紛繁，承載着太多的傳奇。進入午門，就走進了紫禁城，恍若走進歷史，經過漫長的御道，在層層起伏變化的建築空間中行進，會感到一種無形的、不斷增加的精神壓力，午門與太和門之間的廣場空空蕩蕩，皇家威嚴躍然於眼前。接着往前走，進入太和門，看到寬闊的廣場與高聳在三重台基上的太和殿，不由得讓人肅然起敬。

紫禁城建築分為外朝和內廷兩部分。外朝的中心為太和殿、中和殿、保和殿，統稱三大殿，是國家舉行大型典禮的地方。三大殿左右兩翼輔以文華殿、武英殿兩組建築，是皇帝上朝接受朝賀、接見群臣和舉行大型典禮的地方。內廷的中心是乾清宮、交泰殿、坤寧宮，統稱後三宮，是皇帝和皇后居住的正宮，其後為御花園。後三宮兩側排列着東、西六宮，是皇帝進行日常活動和后妃皇子居住遊玩及奉神的地方，俗稱「三宮六院」。

六宮粉黛，佳麗如織，高高的宮牆把她們與紫禁城外熱鬧喧囂的繁華市景割斷開來。民間女子一旦被選為宮女，便很難再同家人團聚，人人渴盼得到皇帝的寵幸，但獲幸者畢竟鳳毛麟角，其中只有極個別受到帝王寵愛的才可昇為妃嬪，絕大多數的宮女是在寂寞、淒清中孤獨終老。

紫禁城是世界上現存最大、最完整的古代宮殿建築群。城內佈局沿中軸線向東西兩側展開。紅牆黃瓦，畫棟雕樑，金碧輝煌；殿宇樓台，高低錯落，壯觀雄偉。整個建築群按南北

1 2

3 4 5

1 太和殿和中和殿
2 城牆和角樓
3 東雁翅樓
4 城牆
5 太和殿和中和殿

中間的中軸線對稱佈局，層次分明，主次有序。自古帝王均於朝堂面南背北，居中朝陽而坐，因此，皇宮正殿均坐北朝南而建。明、清兩代的紫禁城也不例外，中軸線上的前三殿和後三宮均是如此。帝王的輝煌，歷史的記憶，寫滿了這座恢宏大氣的城池。

歲月總是不動聲色地推動着時間的交替、萬物的變遷，唯一不變的是塵封在紫禁城裏的記憶與故事。作為中國五個多世紀以來的最高權力中心，紫禁城充滿了神祕色彩。幾百年過去了，曾經發生在紫禁城內的宮廷政變、宦官亂政、「紅丸案」「移宮案」「失火案」等，至今仍在民間流傳。

紫禁城現稱為故宮博物院。故宮博物院開闢有珍寶館、鐘錶館、繪畫館、陶瓷館、青銅器館、石鼓館、戲曲館、玉器館、古建館、雕塑館等。今天的故宮博物院院藏文物一百五十萬件（套），其中包括青銅器、玉器、金銀器、陶瓷器、牙竹木雕、絲織刺繡、文房四寶、繪畫書法、家具等，代表了中國歷史文化藝術的最高水準，是中國最豐富的文化和藝術寶庫。

故宮博物院內有常設的展覽和每年舉辦的特展，還有不定期舉辦的各類特展，如 2015 年的「石渠寶笈」特展就引起了極大的轟動，《清明上河圖》《伯遠帖》《蘭亭序》等讓成千上萬的觀眾一睹為快。

北京故宮博物院建立於 1925 年 10 月 10 日，是在明朝、清朝兩代皇宮及其收藏的基礎上建立起來的綜合性博物館，也是中國最大的古代文化藝術博物館。1987 年，故宮作為文化遺產被聯合國教科文組織世界遺產委員會列入《世界遺產名錄》。

1 2

3

4

1 神武門夕照
2 角樓
3 建福宮花園
4 斷虹橋

城池區

天子之城

●

清晨，第一縷陽光照進了紫禁城，晨曦中的紫禁城神祕而莊嚴。紅色的宮牆如同一道厚厚的屏障，隔絕了城內與城外。一條曲折蜿蜒的護城河，道盡了悠悠歲月。

「一入宮門深似海」，一重又一重朱紅的大門，一座又一座宏偉的大殿，一階又一階精緻的漢白玉台基，一尊又一尊雕樑畫棟的螭龍望柱，跨越近六百年的風霜雪雨，依然昭顯着故宮的王者風範與霸氣。雕樑畫棟間，曾刻下多少皇室子孫繼位、大婚、冊封、慶典、出征的崢嶸歲月和時光變遷……

紫禁城的城垣建成於明朝永樂十八年（1420 年），清代雖有重修，但整體城垣的規模和佈局依然保持初建時的原貌。紫禁城城垣呈長方形，佔地面積約為七十二萬平方米，有四個大門，南門名為午門，東門名東華門，西門名西華門，北門名神武門。紫禁城宮門重重，數不勝數，前朝的門、內廷的門、正殿的門、偏殿的門……

午門

午門也叫五鳳樓，中國古代午代表正午，代表正南，午門既為紫禁城的正門，是紫禁城四座城門中最大的一座。午門建成於明永樂十八年（1420 年），清順治四年（1647 年）重修，嘉慶六年（1801 年）又修。午門從正面看有三個門洞。其實，在午門正面東、西雁翅樓下方，分別還有兩個掖門，就像兩道暗門。於是，午門門洞便有了「明三暗五」的說法。在午門高大磚石墩台上建有崇樓五座，正樓九開間。這些都是傳統思想「九五至尊」的象徵。午門後有五座精巧的漢白玉拱橋通往太和門。

午門也是皇帝經常舉行重要儀式的地方，遇有大規模的凱旋獻俘禮，皇帝登上午門城樓，午門前舉行莊嚴的大型儀式，盡顯皇權的威儀。

午門平面呈「凹」字形，宏偉壯麗，沿襲了唐朝大明宮含元殿以及宋朝宮殿丹鳳門的形制，是從漢代的門闕演變而成。午門分上下兩部分，下為墩台，高十二米，正中開三門，兩側各有一座掖門。城台中央門洞為皇帝出入的「御路門」，除了皇帝，只有皇后大婚時喜轎入宮，殿試高中的狀元、榜眼和探花出宮時可以走，以示皇帝的優崇。宗室王公則出入西門，文武官員出入東門。掖門只在大朝日開啟。

每年農曆十月初一，皇帝要在午門舉行盛大的頒朔典禮，頒佈下一年的曆書。遇有重大戰爭，大軍凱旋時，要在午門舉行向皇帝敬獻戰俘的獻俘禮。每逢重大典禮及重要節日，都要在這裏陳設體現皇帝威嚴的儀仗。明代，皇帝處罰大臣的「廷杖」也在此進行，民間流傳的「推出午門斬首」的說法即由此

城牆上眺望紫禁城

午門

訛化而來，但是斬首從來不在午門舉行。明朝的刑場設在西市，清代的刑場是在菜市口。廷杖是笞杖之刑的一種特殊情形，就是皇帝在朝堂或宮門對大臣予以杖責。明代，如果大臣觸犯了皇帝的尊嚴，便以「逆鱗」之罪，被綁到午門前御道東側行杖打人，名叫「廷杖」。起初只是象徵性責打，後來發展到打人致死。如明正德十四年（1519 年），皇帝朱厚照不顧民間疾苦，出外巡遊，赴江南選美女。為此群臣上諫，皇帝大怒，將朝臣一百三十餘人處以午門廷杖，當場打死十一人，餘皆重傷。此外，嘉靖三年（1524 年），皇帝朱厚熜，繼承其堂兄朱厚照的皇位後，欲追封他的生父興獻王為帝，遭到大臣們的抵制。嘉靖皇帝大怒，命廷杖五品以下官員一百三十四人，致死十七人。後到清朝，取消了對大臣的廷杖。

神武門

神武門是紫禁城的北門，明永樂十八年（1420 年）建成，明稱玄武門。取古代「四神」中的玄武，代表北方之意。清康熙年間重修時，因避康熙帝玄燁名諱改稱神武門。門總高三十一米，城台開有三門，帝后走中間正門，妃嬪、官吏、侍衞、太監及工匠等均由兩側的門出入。神武門作為皇宮的後門，是宮內日常出入的重要門禁，明、清兩代皇后行親蠶禮即由此門出入。清代皇帝從熱河或圓明園回宮時多從此門入宮。此門也是后妃及皇室人員出入皇宮的專用門。皇帝出外巡幸，可由午門出宮，但隨行妃嬪必須由神武門出宮。如果皇帝侍奉皇太后出宮，則一同出神武門。

神武門過去除了供帝后、妃嬪、太監、宮女們進出外，還是擊鼓報時的場地。清代選秀女，備選者經由此偏門入宮候選。1924 年 11 月 5 日，清宣統皇帝溥儀被驅逐出宮即由此門離去。神武門，成為中國帝王史的絕唱。隨着清朝末代皇帝和皇后的離去，這一宏大無主的宮殿頓時沉寂下來，只有在時光中回味過往的輝煌歲月。

神武門外上方匾額「故宮博物院」為著名歷史學家郭沫若於 1971 年題寫。

東華門

東華門是紫禁城東門，始建於明永樂十八年（1420 年）。東華門東向，與西華門遙相對應，門外設有下馬碑石，門內金水河南北流淌，上架石橋一座，橋北為三座門。東華門以西是文華殿，以南為鑾儀衞大庫。東華門與西華門形制相同，平面矩形，紅色城台，白玉須彌座，當中辟三座券門，券洞外方內圓。城台上建有城樓，黃琉璃瓦重簷廡殿頂，基座圍以漢白玉欄杆。城樓面闊五間，進深三間，四周出廊，樑枋繪有墨線大點金旋子彩畫。東面簷下「東華門」匾額原為滿、蒙、漢三種文字，後減為滿、漢兩種，辛亥革命後只餘銅質漢字。

清初，東華門只准內閣官員出入，乾隆朝中期，特許年事已高的一、二品大員出入。清代皇帝、皇后、皇太后的梓宮皆由東華門出，民間俗稱「鬼門」。東華門門釘與其他三門九路九顆不同，為八路九顆，內含陰數，相傳也與此有關。

天子之制是以「九」為尊，皇家建築的門釘為八十一個，故宮的宮門上有很多銅質鎏金門釘為八十一個，但東華門的門釘卻只有七十二個，且是偶數，它比午門、西華門、神武門等

神武門

東華門

都少九個。據傳說，東華門上的門釘原來也是八十一個。明朝末年，李自成攻陷北京後，崇禎皇帝從東華門倉皇逃出，在煤山自縊。後來，崇禎的靈柩曾停放在東華門外數日，無人埋葬。清軍入關後，認為東華門是不吉之門，決定以後皇帝及皇后死後，都要出東華門送殯，進東華門迎靈。後來，清朝將東華門上的門釘減去一行，由八十一個改為七十二個，以責東華門未能擋住崇禎出走之罪，使這個「鬼門」符合「奇數為陽，偶數為陰」的習俗。

因為明朝帝王喪儀的梓宮一律從午門出，唯有妃嬪、皇子、皇女發喪由東華門出，由此可見東華門與帝王生死兩途沒有太大關係。清代帝王的喪儀均自東華門出，但並非門釘的緣故。

另外，西華門正對皇家花園西苑，帝后及太后等前往西苑必須由此出入，明朝一代，凡是內廷舉行吉喪重典，皆以西華門為上。東華門與皇帝生死兩途都無關係，幾乎沒有皇帝由於禮制原因出入東華門。據說，僅有一次例外，即明景泰皇帝病重，一班大臣宦官從紫禁城東華門外的南宮請來明英宗，發動「奪門之變」時走過一次，不過那實屬非常事件。

據說，皇帝不走東華門，東華門是大臣上朝進出之門，那大門的規制自然要低一等級，所以少了一行門釘就合乎情理了。

西華門

西華門是紫禁城的西門，始建於明永樂十八年（1420年）。西華門西向，與東華門遙相對應，門外設有下馬碑石。西華門與東華門形制相同。

清代帝后遊幸西苑、西郊諸園，多由此門而出。官員進宮辦事或覲見均從西華門出入。除特賜「紫禁城騎馬（乘轎）」者外，其餘人等，上至親王，下至品官，均須在西華門外下馬下轎步行而入。清朝末期，庚子年（1900 年）八國聯軍攻打京城，慈禧太后、光緒皇帝一行即由西華門離宮，倉皇西逃。

城牆

紫禁城城牆南北長九百六十一米，東西寬七百五十三米，周長三千四百二十米。十米高的城牆為下寬上窄形，下面寬八點六米，上面寬六點六米。城垣頂部外側砌堞牆，上置品字形垛口，通高一點三四米，厚零點三七米，垛口之間是瞭望口。城牆上的馬道容得下六匹馬併駕驅馳。故宮的四個城角都有精巧玲瓏的角樓，紫禁城外圍是護城河，形成一座森嚴壁壘的城堡。紫禁城建成後，城牆上就駐紮着護軍。清朝時，每面城牆上都有十幾個哨所，配備有大炮。這樣城牆連着城門、角樓與護城河，形成了一個完整的防禦體系。

2015 年 10 月 10 日起，紫禁城開通了一條「空中」遊覽路線，「城牆漫步」不再是奢望。遊人可以進入午門，沿城牆左轉，登上城牆，駐足午門城樓，同時沿東雁翅樓城牆漫步至角樓，再轉向東華門區域，可直達東華門樓上的古建館。當我第一次站在紫禁城的城牆上俯瞰四周，這種感覺真的難以言表 —— 徜徉於城牆之上，近距離欣賞城樓之美，俯瞰紫禁城，一片金瓦連綿，窺視紫禁城的隱祕之地，遠眺北海白塔。此時，我在想，不知道當年的皇帝有沒有登上過城牆一覽紫禁城的美景。

城牆

角樓

依《周禮・考工記》「四隅之制」修築於城台四隅的角樓則以其華美典雅的造型成為整座宮城的神來之筆。在紫禁城城牆的四角，各有一座美輪美奐的角樓，民間有「九樑十八柱七十二條脊」之說，形容其結構的複雜。角樓，簷角秀麗，玲瓏別致，是紫禁城的標誌。它們像四顆明珠，鑲嵌在高大的城牆上。紫禁城城垣四隅之上的角樓，建成於明永樂十八年（1420 年），清代重修。角樓，坐落十字屋脊，三重簷迭出，多角交錯，是結構綺麗的建築，角樓由墩台下地面至角樓寶頂高二十七點五米，由多個歇山式組成複合式屋頂，覆黃琉璃瓦。

關於角樓的建造，還有一個故事呢。相傳，明朝的永樂皇帝在修建皇宮時，特意指定要在紫禁城的四角各建造一座「九樑十八柱七十二脊」的角樓，並且限期一百天，建不好要殺頭。誰也沒有見過這麼複雜的建築，這可難壞了全國各地的能工巧匠。眼看皇帝的限期就要到了，工匠們愁得都吃不下飯。這時，來了一個賣蟈蟈的老頭兒。他的蟈蟈籠子非常精緻漂亮，大家都圍過去看那巧奪天工的籠子。有個工匠不自覺地數起籠子上的玉米秸，「一根樑，兩根樑……」一數，一共是九根橫樑、十八根柱子、七十二個脊。哎，這不正是我們要建的角樓嗎。大家非常興奮，突然想起賣蟈蟈的老頭兒，可一看，老頭兒不見了。工匠們七嘴八舌地說，這可能是魯班爺顯靈，來救我們了。於是，工匠們如期建好了角樓。令人意想不到是，昔日被皇權封鎖的紫禁城，現在遊人不僅可以漫步深宮，還可以沿着城牆上的廊道近距離觀望美輪美奐的角樓外觀，甚至可以走進角樓欣賞無與倫比的斗拱結構。時光荏苒，時間的流逝絲毫衝不走它的韻味，反而積澱了厚重的歷史底蘊。

角樓是紫禁城的一部分，它與城垣、城門樓及護城河同屬於皇宮的防衛設施。角樓，居在紫禁城十米高的城牆上，是觀察、守望和防衛皇城的制高點。今天，角樓的防禦功能已隨時光的流逝被人們淡忘，但它卻喚起了人們對明、清王朝歷史歲月的記憶。薄暮將近，暮色為古老的紫禁城披上一層輕紗，遮住這座皇城的一世繁華。

護城河

紫禁城城垣的外圍圍繞着一條寬五十二米、深六米、長三點五千米的護城河，河岸陡直，由條石砌成，俗稱筒子河。護城河水的源頭是京西的玉泉山，玉泉山水經過頤和園、運河、西直門的高樑橋，流到市中心的後海，然後從地安門的步樑橋下分出支流，經景山西門的地道進入護城河。

1　2

3　4

1 角樓
2 護城河
3 太和門廣場
4 內金水橋和太和門

前三殿區

帝王運籌帷幄的中心

紫禁城，宛若凝固的音樂，似乎在向世人演奏千古的華章。時光荏苒、歲月變遷，多少皇帝登基，多少皇帝故去，王朝更替輪迴，宇宙無垠，時光無盡，厚重的滄桑散落一地。這裏給人們留下太多的傳奇和回憶。我行走在皇宮恢宏的建築群中，穿越時空，觸摸歷史，感受到一種前所未有的敬畏與震撼。

紅牆，黃瓦，放眼望去一片金碧輝煌。在紫禁城的中心軸上，散發着悠久的古韻芳香，迷離着寂靜的空城。前三殿區位於紫禁城南部的正中，金水橋、太和門廣場、太和門等自南向北排佈在中軸線上。以太和殿、中和殿、保和殿三大殿為中心，高踞於巨大的三層漢白玉石台基上，形成紫禁城宮殿中央的巔峰。兩側輔以文華殿、武英殿兩殿。過去，皇帝在這裏舉行最隆重的大朝典禮，也是紫禁城的中心。

這一帶被稱為外朝，或稱前朝，佔據着紫禁城南部寬闊廣大的區域。這裏的宮殿宏偉、莊重，庭院壯闊、坦蕩，以禁城午門、宮門、太和門以及太和殿、中和殿、保和殿三大殿為中央軸線，體仁閣、弘義閣兩廂輔立，文華殿、武英殿東西翼護，構成了皇帝舉行重大禮儀，群臣朝見天子的莊嚴場合。

永樂十九年（1421 年）四月初八日，僅竣工三個月的三大殿奉天殿、華蓋殿、謹身殿遭雷火焚毀，曾經輝煌如夢境一般的紫禁城中央地帶變成一片廢墟。

明正統元年（1436 年），朱祁鎮即位，下詔重修三大殿和乾清、坤寧兩宮。一年半之後，拖延了十幾年的重建工作完成了。一切塵埃落定，紫禁城又完好如初。由於發生火災，大明嘉靖朝重建以後，把它們改為皇極殿、中極殿和建極殿。清代才改成今天的名稱，即太和殿、中和殿、保和殿。

朱祁鎮（1427–1464 年）一生坎坷，命運多變，充滿了傳奇色彩，遭遇「土木堡之變」，被瓦剌軍俘虜，後經「奪門之變」，成功復辟，重新理政。朱祁鎮遺詔，廢除自明太祖開始的宮妃殉葬制度，被史書稱作「盛德仁義之舉」。

太和門廣場

走過午門，就進入了紫禁城，首先映入眼簾的是五座漢白玉石橋，即內金水橋，橋下是蜿蜒流淌的內金水河，河水自西向東蜿蜒流過氣勢磅礴的太和門廣場。正中主橋是皇帝專用的「御路橋」，欄杆上雕雲龍柱頭。兩旁四座賓橋欄杆皆飾二十四節氣柱頭，主橋旁兩座供宗室王公行走的稱「王公橋」，再旁兩座供三品以上文武大臣行走，稱「品級橋」。

金水河橫亙於太和門外寬闊的廣場上，既如玉帶，又似巨

太和門廣場

弓。東西側分別是通往文華殿及武英殿的協和門與熙和門。協和門南廡為內閣誥敕房，北廡是稽查上諭處；熙和門南廡是滿漢翻書處，北廡為負責記載皇帝日常起居言行的起居註公署。

協和門

協和門位於太和門廣場東側正中，是前朝通往文華殿或內閣的必經之路。初名左順門，明嘉靖年間重建後改稱會極門，清順治年間改今名。

明景泰皇帝曾因戰事緊急在此門設午朝。明嘉靖皇帝即位之初，曾發生群臣與皇權抗爭的大禮議，二百多名朝臣跪於此門前撼門大哭，聲震闕廷。

熙和門

熙和門位於太和門廣場西側正中，是自前朝通往武英殿、西華門的必經之路。初名右順門，明嘉靖年間重建後改稱歸極門，清順治年間改雍和門，乾隆年為避雍正皇帝諱改為今名熙和門。明永樂皇帝曾因北京冬季嚴寒，諭令早朝禮畢，與百官移至熙和門旁便殿奏事辦公。

太和門

走過金水橋，進入太和門廣場，太和門近在咫尺。太和門廣場北面正中是金碧輝煌的太和門，「天子五門」之一，說的就是故宮的太和門。明永樂年建成，初稱奉天門，嘉靖朝改名皇極門。清順治入主北京後始名太和門。一個人漫步在故宮裏，思緒彷彿跟隨着深宮廷院回到了幾個世紀前的王朝。紫禁城裏一代代天子早已遠去，一代人來，一代人往，唯有莊嚴的大門依然佇立，守護着近六百年的記憶。

太和門也是明朝皇帝御門聽政的地方，明朝初年的一次意外火災賦予了它重要的政治使命。公元 1421 年，明成祖朱棣遷都北京不到百日，外朝三大殿即被一場「天火」所焚毀。朱棣怕違背天意，不敢再建，權以奉天門，也就是今天的太和門為聽政之所。這就是明、清兩代皇帝「御門聽政」的起因。

現在的建築是清光緒十五年（1889 年）火災後重建的。太和門坐落於漢白玉基座上，橫九間，深四間，重簷歇山頂，太和門前還有兩隻明代鑄造的青銅獅子，是宮中最大的一對銅獅，日夜看護着宮門。東側踩繡球者為雄，代表皇權一統寰宇；西側撫小獅者為雌，象徵皇家子孫萬代，綿延不絕。清代規定，唯有皇宮能用銅獅，王府以下皆只能用石獅。丹陛下列銅鼎四隻，左右分列一石亭和石匱。

太和門漢白玉基座前的兩件石雕，東邊叫石亭，西邊叫石匱，自明朝皇宮建成，就存在了。

石亭下面有兩個石階，裏面有石槽。有人認為石亭是放置時辰牌的地方。石匱，形如御璽，蟠龍鈕，還有穿孔。石匱上部明顯是一個蓋子，即龍鈕蓋。石匱是放置穀物的地方，意喻五穀豐登，糧食滿倉。

太和門在明代是皇帝早朝御門聽政的場所，且洪熙、宣德、正統三朝皇帝在此門登基即位，所以在明代又被稱為大朝門。

1　2　3

4

1 石亭
2 太和門
3 石匱
4 太和門廣場一角

順治元年（1644 年）九月，福臨由瀋陽進京，在太和門頒詔，宣佈入主中原，成為清入關後的第一位皇帝，即順治皇帝。

清代初年的皇帝也曾在太和門聽政、賜宴，後來「御門聽政」改在乾清門。

每逢皇帝出宮，都要經過太和門，皇帝大婚的時候，皇后也要從太和門進入皇宮。光緒四年的時候發生了這樣一件事：在光緒皇帝大婚前夕，太和門突然被火燒毀了，可是大婚當天皇后要從這裏經過，所以朝廷就在北京尋找能工巧匠，連夜用彩綢還有木料搭建了一座假的太和門，才使婚禮如期進行。而在第二年，太和門才重建完成。

太和門東側是昭德門，明初稱東角門，嘉靖朝改為弘政門，清代改為現名。「昭德」意為昭顯美德。此門在明代為皇帝在正式朝禮之外召見大臣議事的地方，後來就在此處開設內閣。清代此門為侍衞值宿處。

太和門西側是貞度門，明初稱西角門，嘉靖朝改宣治門，清代改為現名。「貞度」意為端正法度。此門在明代為皇帝在喪期和忌辰召見大臣議事的地方。

過了太和門，就到了氣勢磅礴的太和殿廣場，行走在空曠的廣場，彷彿穿越了數百年的光陰與歲月。站在偌大的廣場上放眼望去，一大片巍峨宏大的建築群讓人恍然有置身天地之間的感覺。宏大的氣勢和廣闊的空間，顯示出帝國的威嚴。

太和殿廣場面積約三萬平方米。中間御路鋪以青石，兩側青磚墁地。太和殿廣場基本呈正方形，整個院落平坦寬闊，氣勢非凡。北有太和殿，南為太和門，東為體仁閣，西為弘義閣，且為了便於防衛，整個廣場無一草一木，空曠寧靜，身處其間有森嚴肅穆的感覺。正中為御路，左右地面鋪地磚橫七豎八，共十五層，以防有人挖地道進入皇宮。

整個廣場可容納近七萬人。在每年的新年、冬至以及皇帝登基、大婚、萬壽這些重大活動的時候，都要在太和殿以及太和殿廣場舉行隆重的大朝禮。皇帝舉行大典時，儀仗隊伍站班在儀仗墩上，手執旌、旗、傘、蓋、斧、鉞、戟等，高級的文武官員跪在丹陛下御路兩旁，在中和韶樂聲中向皇帝行禮參拜，場面極其壯觀。

走在太和殿廣場上，我看到整齊劃一地鋪在地上的「白色方塊」，據說是用來區別官員品級的。皇帝舉行大典時，大大小小的官員按照品級，按照方塊一排排站好。

體仁閣

太和殿廣場東側是體仁閣，建於明永樂十八年（1420年），明初稱文樓，明嘉靖時改稱文昭閣，意為躬行仁愛，典出於《易經》。清初改稱體仁閣。現存建築為清乾隆朝火災毀後重建。

體仁閣，面西，與弘義閣相對而立，黃琉璃瓦，廡殿頂，面闊九間，進深三間，高二十五米，坐落於崇基之上，上下兩層，四面出廊。

康熙年間，曾詔內外大臣舉薦博學之士在體仁閣試詩比賦，招攬名士賢才。乾隆年重建後，此處作為清代內務府緞庫。

體仁閣

弘義閣

太和殿廣場的西側是弘義閣，始建於明永樂十八年（1420年），名為武樓，明嘉靖朝改稱武成閣，清初改為今名，意為弘揚大義。

弘義閣，面東，與體仁閣相對而立，黃琉璃瓦，廡殿頂，面闊九間，進深三間，高二十三點八米，上下兩層，四面出廊。弘義閣侍立於太和殿西南側。

清代的弘義閣為內務府銀庫，收存金、銀、制錢、珠寶、玉器、金銀器皿等。皇帝皇后筵宴所用金銀器皿由銀庫預備，用畢仍交該庫收存。

太和殿廣場北面正前方是一片漢白玉雕砌的三層高台基，俗稱「三台」。三大殿都建在漢白玉砌成的八米高的工字形台基上，這就是故宮的中心建築 —— 太和殿、中和殿、保和殿。基台三層重疊，每層台上邊緣都裝飾有漢白玉雕刻的欄板、望柱和龍頭，三台當中有三層石階雕有蟠龍，襯託以海浪和流雲的「御路」。

太和殿

我喜歡紫禁城裏的這份難得的寧靜，漫步在寧靜之中，人生就多了一種意境。行走在中軸線上，抬頭仰視威嚴壯麗的大殿，這座宏大的宮殿莊嚴而沉默地屹立着，讓人內心充滿壓抑和敬畏。太和殿，俗稱「金鑾殿」，是整個紫禁城的核心。昔日威嚴的紫禁城裏，至高無上的帝王、三叩九拜的大臣、文韜武略的大將，隨着時空變遷，物是人非，繁華褪去，一切已是過眼雲煙。

站在太和殿平台，我憑欄而望，紫禁城美景盡收眼底。金黃色的琉璃瓦在藍天白雲的襯託下顯得格外晶瑩柔和，微翹的房簷和明黃的屋頂卻顯露了皇家的威嚴與肅穆，紅牆黃瓦，印證了紫禁城亙古不變的悠悠歲月。

太和殿明永樂十八年（1420 年）建成，幾經雷火焚毀和重建，現為清康熙三十四年（1695 年）重建後的風貌。明初名奉天殿，明嘉靖四十一年（1562 年）改稱皇極殿，清順治二年（1645 年）始名太和殿。太和殿坐落在三重漢白玉台基上，面闊十一間，進深五間，前出廊，重簷廡殿式，建築面積二千三百七十七平方米，連同台基通高三十五點五米，為紫禁城內規模最大的殿宇。其上為重簷廡殿頂，屋脊兩端安有高三點四米、重約四千三百公斤的大吻。簷角安放十個走獸，數量之多為現存古建築中所僅見。

太和殿的裝飾十分豪華。簷下施以密集的斗拱，室內外樑枋上飾以和璽彩畫。門窗上部嵌成菱花格紋，下部浮雕雲龍圖案，接榫處安有鐫刻龍紋的鎦金銅葉。太和殿有直徑達一米的大柱七十二根，殿內以俗稱「金磚」的細料澄泥方磚鋪地，殿內有瀝粉金漆木柱和精緻的蟠龍藻井，殿中間是封建皇權的象徵 —— 金漆雕龍寶座，設在高兩米的台上。昔日的帝王就是在這裏指點江山，描繪盛世藍圖。六根圍繞寶座的是瀝粉金漆的蟠龍柱。寶座上方懸掛着乾隆帝御筆「建極綏猷」匾。太和殿現存的匾額為複製品，據說原件在袁世凱稱帝時被換下，已經找不到了。「建極綏猷」的含義是：一方面要承天立極，另一方面要順民體性。帝王以天子自稱，以溝通天帝與民眾之間的聯繫為己任，此匾意在昭示皇帝對上對下的雙重神聖使命。

1 4

2

3

1 前三殿坐落在三層高台基上
2 太和殿
3 太和殿
4 弘義閣

寶座之後為七扇高大的雕龍屏風，為楠木製作。寶座前兩側有四對陳設：寶象、甪端、仙鶴和香亭。時光流逝，歲月打磨，古老的殿堂依舊散發着昔日威嚴的光芒。

寶象，被稱為「太平有象」。寶象背馱寶瓶，內裝五穀雜糧，象徵五穀豐登，天下太平，江山穩固。甪端是中國古代傳說中的一種神獸，可日行一萬里，夜走八千里，通曉四方語言，常伴明君左右。仙鶴是一種吉祥長壽的鳥，傳說常為神仙所騎，雲遊四海。這裏用來象徵皇家江山永世長存，蒸蒸日上。香亭寓意天下大治，國泰民安。

太和殿前有寬闊的平台，稱為丹陛，俗稱月台。月台上陳設日晷、嘉量各一，銅龜、銅鶴各一對，香爐十八座。龜、鶴皆為長壽的象徵。日晷是古代的計時器，此日晷的晷盤上是上下兩面有刻度的圓盤，漢白玉石製成，晷針鐵製，垂直於晷盤，晷座呈正方形，用四根石柱支撐。宮殿前設置日晷，象徵皇帝擁有向天下萬民授時的最高權力。嘉量是古代的標準量器，有斛、斗、升、合、龠五個容量單位。該嘉量為乾隆九年（1744 年）仿漢代王莽時期嘉量製造。宮殿前嘉量，表明度量衡定，天下一統。太和殿前設置日晷和嘉量都是皇權的象徵。

殿下為高八點一三米的三層漢白玉石雕台基，周圍環以欄杆。在殿的底座漢白玉石階上雕有一千一百四十二個龍頭（螭首），每逢下雨時，雨水便從一千一百四十二個龍頭嘴裏的小孔內排出，所以便有了「千龍吐水」這一奇觀。

太和殿外東西兩側還各有鎏金青銅太平缸兩口，每口重約兩噸。鎏金是一種金屬加工工藝，據說這麼大的太平缸需要用黃金一百兩。不幸的是，上面的黃金已被八國聯軍士兵用軍刀刮走了。現在我們還可以清晰地看到缸上刀刮的痕跡。太平缸的主要用途是儲水，以備防火之用。距今最早的缸為明弘治年間(1488-1505年)鑄造。明代的缸兩耳均加鐵環，樣式上奢下斂，古樸大方。清代的缸兩耳均加獸面銅環。紫禁城內現存明、清兩朝遺留下來的銅質及鐵質太平缸三百零八口，鐵缸是明朝製的，其中鎏金銅缸十八口。

紫禁城是龍的世界，龍的造型千姿百態，栩栩如生。在我國封建社會裏，皇帝被稱作「真龍天子」，是大地的主宰。紫禁城是明、清兩朝的皇宮，因此，宮中的殿堂、橋樑、丹陛、石雕以及帝后寶璽、服飾御用品等無不以龍作為紋飾。太和殿內木構件所用裝飾圖案全部為最高等級的金龍和璽彩畫，據統計有一萬三千多條金龍，真是龍的殿堂、龍的世界。

太和殿是明、清兩代皇帝舉行大典的場所。皇帝登基、大婚、冊封、命將、出征等都要在太和殿舉行盛大儀式。每當大典之際，鳴鐘擊鼓，禮樂齊奏，帝王御殿昇座，君臨天下，接受王公和百官的朝賀，極顯其尊貴和威嚴。

順治皇帝十四歲時，在太和殿舉行了隆重的親征大典。康熙皇帝八歲即位，也是在十四歲時在太和殿舉行大典，開始親裁政事。最後一位坐上太和殿寶座的是年僅三歲的溥儀，他是被他的父親載灃抱到寶座上接受大臣的朝拜和恭賀的。看到龐大的場面和鼓樂喧天，被嚇得哭起來。載灃不得不低聲哄勸：「別哭，別哭，快完了。」果不其然，大清國在此後的短短三年間，真的就「完了」。

1 5 9
2 6 10
3 7
4 8

1 太和殿漢白玉台基
2 太和殿台基上的龍頭石雕
3 太和殿前日晷
4 太和殿前銅龜
5 太和殿前嘉量
6 太和殿前銅鶴
7 太和殿銅缸
8 太和殿銅缸
9 太和殿丹陛石
10 太和殿內景

中和殿

中和殿，故宮外朝三大殿之一，位於太和殿、保和殿之間，正處於「工」字形須彌座的中部。太和殿始建於明永樂十八年（1420 年），幾經焚毀和重建，現為明天啟七年（1627 年）重建的風貌。明初名華蓋殿，明嘉靖年四十一年（1562 年）改名為中極殿，現天花吊頂內構件上仍遺留有明代「中極殿」墨跡。清順治元年（1644 年），順治帝入主紫禁城，第二年改中極殿為中和殿，殿名取自《禮記・中庸》「中也者，天下之本也；和也者，天下之道也」之意，求天下和順，體現了儒家中庸之道的思想。

中和殿平面呈正方形，四面開有門窗，高二十七米，面闊三間，進深三間，四面出廊，建築面積五百八平方米。屋面覆黃色琉璃瓦，四角攢尖頂，鎦金寶頂。殿四面開門，正面三交六椀槅扇門十二扇，東、北、西三面槅扇門各四扇，門前石階東西各一出，南北各三出，中間為浮雕雲龍紋御路，踏跺、垂帶淺刻卷草紋。門兩邊為青磚檻牆，上置瑣窗。

殿內外簷均飾金龍和璽彩畫，天花為瀝粉貼金正面龍。殿內以細料澄泥方磚鋪地，殿內設地屏寶座。寶座上方懸掛有乾隆皇帝的御筆「允執厥中」匾，表明天道精微，人道艱難，只有精神純一，執而用中，才能治理好國家。雙聯分別落在「無逸」和「有常」上，提醒着君主勤於政務，並持之以恆。

明、清兩朝，每次太和殿舉行各種大典前，皇帝從後宮出來，在中和殿稍作停留，接受身邊近臣、輔臣、侍衛等的先期參拜。參拜後，他們將護衛皇帝參加主持太和殿儀式。由於這裏是皇帝大典之前做準備工作的地方，所以後來逐漸成為舉行各種祭祀、典禮的準備場所。

皇帝外出午門參加祭天、祭地、祭廟、祭社稷的頭一天晚上，也要在中和殿休息，閱讀第二天的祭文。對於皇帝來說，祭祀活動是重要的職責。皇帝自稱天子，是唯一可以與上天對話、與神靈交流的人。所以，皇帝要親自閱讀祭文，檢查祭祀的準備情況。

中和殿還有其他用途，比如皇帝要在這裏閱視家譜。皇族和老百姓一樣，也有自己的家譜，皇帝的家譜叫「玉牒」。皇帝在這裏為皇太后上徽號。皇帝為了表示孝道，要在壽慶和節日給皇太后上一些吉祥的稱號，叫作徽號。

偌大的紫禁城，唯有在這裏，皇帝可以躲開隨從靜靜獨處，皇權受命於天，不論修心還是治國，中，天下之本；和，天下之道。

保和殿

過了中和殿，就是保和殿，它位於漢白玉台基的後部。保和殿，故宮外朝三大殿之一。位於中和殿後，建成於明永樂十八年（1420 年），初名謹身殿，明嘉靖四十一年（1562 年）改稱建極殿。清順治二年（1645 年）改為保和殿，「保和」出自《周易》，意為保持心志純一，共享天下和諧。

保和殿面闊九間，進深五間，建築面積一千二百四十平方米，高二十九點五米。屋頂為重簷歇山式頂，上覆黃色琉璃瓦，上下簷角均安放九個小獸。上簷為單翹重昂七踩斗拱，下簷為重昂五踩斗拱。內外簷均為金龍和璽彩畫，天花為瀝粉貼

中和殿

保和殿內景

金正面龍。六架天花樑彩畫極其別致，與偏重丹紅色的裝修和陳設搭配協調，顯得華貴富麗。

殿內中部坐北向南設雕鏤金漆寶座。寶座上方懸掛有乾隆御筆「皇建有極」匾，意即人君建立天下最高准則。東西兩梢間為暖閣，安板門兩扇，上加木質浮雕如意雲龍渾金毗盧帽。建築上採用了「減柱造」做法，減去了將殿內前簷六根金柱，開闊了空間。

明代，舉行朝典前，皇帝從乾清宮昇至此殿更衣。保和殿在清朝初年還曾作過皇帝寢宮，順治、康熙曾在此居住。順治三年（1646 年）至十三年（1656 年），順治福臨曾居住保和殿，時稱「位育宮」，順治的大婚也在此舉行。康熙自即位至八年（1669 年）亦居保和殿，時稱「清寧宮」。二帝居保和殿時，皆以暫居而改稱殿名。清乾隆五十四年（1789 年）這裏成為殿試考場的固定場所。清代殿試自乾隆年始在此舉行。科舉考試是皇帝選拔國家官員的一項重要制度，它起源於隋代，結束於清末，延續一千三百餘年。考試分文科和武科兩種，每三年進行一次。文科考試分為四級：第一級叫童試，在縣城舉行，考中者稱為秀才；第二級叫鄉試，在省城舉行，考中者稱為舉人；第三級叫會試，在京城的貢院進行，考中者稱為貢生；最高一級叫殿試，在保和殿進行。進士又分三甲，一甲前三名稱進士及第，即狀元、榜眼、探花；後兩甲為進士出身和賜同進士出身。前三名可以從午門正中的門洞走出紫禁城，表示皇帝對他們的恩寵。保和殿是讀書人夢想登上的殿堂，讀書人寒窗十載，忍辱負重，為的是那金榜題名的榮耀，以及入朝為官後的功名仕途，以文治國的傳統，施於天下。

殿試後皇帝還要進行朝考、大考和考差，進一步優中選優，精中選精，遴選出翰林人才，直接提拔到皇帝身邊工作。清朝的官僚制度分為九個階梯，謂之九品。每一品有正從之別，稱為「九品十八級」。正一品為內閣大學士；正二品為六部尚書、地方都督、巡撫；三品至六品為地市級官員；七品至九品為縣級官員；九品以下稱為「未入流」。

清代每年除夕和正月十五，皇帝在保和殿賜藩國、王公及一、二品大臣宴，宴請新疆、蒙古的外藩王公和文武大臣，以示安撫。新疆和蒙古是少數民族集中的地區，民族關係特殊，朝廷的主要危險大多來自這兩個地區。清王朝自建國初期就不斷征服和統一蒙古各部，後來更是武力與懷柔之道相結合，這就是康熙皇帝在塞外建避暑山莊的重要原因。年關宮廷賜宴也是懷柔之道的手段之一。

在保和殿後，有一個巨大的雲龍石雕，為宮中石雕之最，俗稱「大石雕」。明初建造三大殿時雕刻，清乾隆二十六年（1761 年）鑿去舊有的花紋重新雕刻。石雕長十六點七五米，寬三點七米，厚一點七米，重達二百多噸。四周為纏枝蓮花紋，下部為海水江牙紋，中間雕刻飛雲簇擁的九條蟠龍，象徵天子「九五之尊」。

這塊石料採自北京房山區的大石窩村。五百多年前的運輸工具還沒有能力將二百多噸的石料搬動。朝廷動用了兩萬多名民工、幾千匹騾馬，在冬天靠沿途挖井汲水，潑地結冰鋪成冰道，一步步滑行，用了近一個月時間，耗銀十一萬兩，才把這塊大石頭運到紫禁城。

保和殿

文華殿

文華殿區位於紫禁城外朝的東部，與西面的武英殿區形成呼應，一文一武，東西輔翼，拱衞着中央的三大殿區。文華殿區分前後兩部分，文華殿為此區域院落的主體宮殿，前面的文華殿莊重規整，後院為乾隆朝修建的書樓——文淵閣，氛圍清幽素雅。內金水河引至文華殿與文淵閣中間，蓄成方池，池上架一石橋，使文華殿區中軸線不為池水隔斷。文淵閣東側建一碑亭，閣後湖石堆砌成山，間植以松柏。文華殿區的文華殿和文淵閣是兩處充滿書卷氣的建築群，是難得的幽靜之地，堪稱紫禁城的「世外桃源」。

文華殿在故宮東華門內，從午門進到太和門廣場向右轉，過廣場東側的協和門向東即可到達。文華殿初建於明永樂年（15 世紀初），初為皇帝常御之便殿，明天順、成化兩朝是皇太子宮，殿覆綠色瓦頂。皇太子未登基以前，都要先在文華殿攝事。後因眾太子大都年幼，不能參與政事，嘉靖十五年（1536 年）仍改為皇帝便殿，後為明經筵之所，舉行帝王學習、與文臣講論經史的重要典制活動，建築隨之改黃琉璃瓦頂。嘉靖十七年（1538 年），在殿後添建了聖濟殿。明末李自成攻入紫禁城之日，文華殿被焚毀殆盡，至清康熙二十二年（1683 年）才依照武英殿重建起來。乾隆年間，在聖濟殿遺址上修建了文淵閣。

大石雕

Large Stone Carving

文華殿區

最具書卷氣的建築群

●

文華殿主殿為「工」字形平面。前殿即文華殿，南向，面闊五間，進深三間，黃琉璃瓦歇山頂。明間開六扇三交六椀菱花槅扇門，次間、梢間均為檻窗，各開四扇三交六椀菱花槅扇窗。東西山牆各開一方窗。殿前出月台，有甬路直通文華門。後殿曰主敬殿，規制與文華殿略似而進深稍淺。前後殿間以穿廊相連。東西配殿分別是本仁殿、集義殿。

明、清兩朝，每歲春秋仲月，都要在文華殿舉行經筵之禮。明代設有文華殿大學士一職，以輔導太子讀書。清代逐漸演化形成「三殿三閣」的內閣制度，文華殿大學士的職掌變為輔助皇帝管理政務。明、清兩朝殿試閱卷也在文華殿進行，內閣中重要的輔政儒臣也會有幸被冠以文華殿大學士的頭銜。

現在，文華殿辟作陶瓷展覽館，展出了故宮博物院珍藏的歷代陶瓷精品。在這裏不僅可以欣賞到明、清官窯珍品，元代青花瓷器，更可以鑒賞宋代五大名窯作品，唐代越窯、邢窯瓷器以及漢魏青釉瓷器等。故宮博物院收藏陶瓷類文物約三十五萬件，絕大部分屬於原清宮舊藏。陶瓷館展出其中遴選出的四百多件精品，按時代發展順序，從紅陶、灰陶、彩陶、黑陶、白陶到原始瓷、青瓷、黑瓷、白瓷以及五光十色的顏色釉瓷和色彩繽紛的釉下彩、釉上彩瓷器等予以展示。

文淵閣

文淵閣周圍的環境空曠靜謐，令人心曠神怡。文淵閣，原為明代聖濟殿舊址，是清宮中最大的皇家藏書樓，始建於乾隆三十九年（1774年），乾隆四十一年（1776年）建成，仿浙江范氏天一閣建造。閣分上下兩層，面闊六間，黑色琉璃瓦覆頂，綠色琉璃瓦剪邊，色調深沉雅致，寓含五行中黑色主水，以水克火的用意，以保藏書樓的安全。

閣前有一磚砌方池，池上架一石橋，內金水河由此橋下流過，石橋和池子四周欄板都雕有水生動物圖案，靈秀精美。閣後湖石堆砌成山，勢如屏障，其間植以松柏，蒼勁挺拔，鬱鬱蔥蔥。閣的東側建有一座碑亭，盔頂黃琉璃瓦，造型獨特。亭內立石碑一通，正面鐫刻有乾隆帝御筆《文淵閣記》，背面刻有乾隆御筆文淵閣賜宴詩。

當年乾隆帝下詔編寫的《四庫全書》，分藏於宮內七個地方，文淵閣就是其中的一處。另外閣內還藏有《欽定古今圖書集成》。清代乾隆朝以後，除了皇帝來這裏讀書外，也允許臣工和學士們來此查閱圖書。

乾隆皇帝於乾隆三十七年（1772年）下令編纂《四庫全書》，為了編纂這部龐大的百科全書，數千學者前後共花費了十年時間，收集了從先秦到清朝前期的各種圖書三千五百多

文華殿

文華門

文淵閣

文淵閣石橋

種，共有三萬六千餘冊，內容相當廣泛。並按經、史、子、集四大類編纂，故稱《四庫全書》。另外，文淵閣還存放過康熙時編纂的《古今圖書集成》和大量的古代文化典籍。

《四庫全書》編成後，最初用了六年的時間抄錄正本四部，除一部藏文淵閣外，另三部分別藏於文源閣、文津閣、文溯閣，四閣又稱「北四閣」。後又抄三部藏於文宗閣、文彙閣、文瀾閣，稱「南三閣」。七部之中或已亡佚，或為各圖書館收藏。文淵閣本現藏台北故宮博物院。

武英殿

武英殿區是一組始建於明代永樂年間的宮殿建築，位於紫禁城外朝的西部，與外朝東部的文華殿遙相呼應，恰似中軸線上前三殿區張開的兩翼。武英殿區由武英門、武英殿、敬思殿、凝道殿、煥章殿、浴德堂等組成。武英殿與位於外朝之東的文華殿相對應，即一文一武。武英殿為此院落區域的主體建築。

武英殿東面有斷虹橋跨越內金水河上，為故宮中歷史最久、雕刻最精美的石橋之一。

武英殿是紫禁城外朝西路的正殿，對應着外朝東路的文華殿，初建於明永樂年間（15 世紀初），為皇帝齋居和召見大臣之處，也曾在此設畫待詔。

碑亭

武英殿區

風雲變幻之地

●

武英殿位於故宮外朝熙和門以西。前殿武英殿南向，面闊五間，進深三間，黃琉璃瓦歇山頂。須彌座圍以漢白玉石欄，前出月台，有甬路直通武英門。後殿敬思殿與武英殿形制略似，前後殿間以穿廊相連。東西配殿分別是凝道殿和煥章殿，左右共有廊房六十三間。院落東北有恆壽齋，西北為浴德堂。

農民起義軍領袖李自成於崇禎十七年（1664 年）攻入紫禁城，在武英殿草草舉行了即位儀式，稱大順皇帝。李自成沒有按照王朝慣例在太和殿登基，是因為當時前朝三大殿正在着火，火災的起因至今不能確定。翌日便撤離北京。清兵入關之初，攝政王多爾袞先行抵京，以武英殿作為理事之所。清初武英殿用作皇帝便殿，舉行小型朝賀、賞賜、祭祀等儀典。康熙八年（1669 年）因太和殿、乾清宮等處維修，康熙皇帝曾一度移居武英殿。康熙年間，武英殿開設皇家書局，編纂刊印皇家圖書。乾隆年間，武英殿作為皇家出版地，刊印了大量精美的珍本圖書。乾隆三十八年（1773 年），命將《永樂大典》中摘出的珍本一百三十八種排字付印，御賜名《武英殿聚珍版叢書》，世稱「殿本」。

武英殿現為故宮博物院的典籍館和書畫館的所在地。故宮博物院收藏有豐富的中國古代書畫，其中既有晉、唐、宋、元的稀世孤本，也有明、清各個畫派名家的代表作品。作為故宮歷代書畫的專題展館，這裏遊人稀少，但 2015 年 9 月 8 日一大早，殿前就排起了長隊，至下午時已蜿蜒如蛇，直至金水河橋畔。作為故宮博物院建院九十周年院慶系列展覽之一，這次《石渠寶笈》特展令萬眾矚目，《清明上河圖》等眾所周知卻少緣相見的國之重寶紛紛登台。

浴德堂

浴德堂位於外朝西路武英殿院內西北平台上，其名源自《禮記》中「浴德澡身」之語，明代曾用作皇帝齋祓處，清代於武英殿設御書處。該室遂改為蒸紙處，供印刷書籍蒸熏紙張之用。

浴德堂坐北面南，面闊三間，黃琉璃瓦卷棚歇山頂，後簷接抱廈兩間。堂後偏西有北房，面闊兩間，黃琉璃瓦卷棚硬山頂，內壁通體鑲嵌着白色琉璃磚，是一座有阿拉伯式風格的建築。據考證，這座小室為元代宮城內遺存的土耳其浴室。

有人根據其阿拉伯式的建築風格，認為浴德堂是乾隆皇帝為其寵妃香妃特地建造的，裏面的穹隆開間即是香妃沐浴的地方，並被冠以「香妃浴室」之名。除阿拉伯式的建築風格外，卻是因為 1914 年，「浴德堂」曾展出過一幅香妃戎裝像，因而有人將這裏稱為「香妃浴室」，浴德堂供水高台井遂稱為「香妃井」。

武英門

書畫館

按明、清皇宮的規矩，外朝宮殿均屬處理朝政之地，皇后妃嬪都是不許涉足的，所以浴德堂不可能是香妃的「浴室」。儘管浴德堂「香妃浴室」之說不能被認同，但有關香妃其人人們篤信不疑。關於乾隆皇帝的寵妃 —— 香妃的傳說很多，其間謎團重重，如身份之謎、體香之謎、葬身地之謎等。香妃的故事歷來非常迷人。傳說她玉容未近，芳香襲人，既不是花香也不是粉香，別有一種奇芳異馥，沁人心脾。據學者考證，香妃確有其人，她是新疆貴族之女，姓氏霍卓，也作和卓氏，生於雍正十三年（1734 年），於乾隆二十五年（1760 年）入宮，受寵於乾隆皇帝，她在歷史上的正式封號為容妃。一百多年來，香妃身世眾說紛紜，直到 1979 年 10 月 6 日，隨着清東陵香妃地宮的清理和香妃頭骨的發現，證實確有其人。

為了追蹤香妃的遺跡我也曾多次赴清東陵裕妃園寢。裕妃園寢是乾隆皇帝的妃園寢，香妃就安葬於此。香妃墓地地面建有寶頂，地下建有地宮。香妃墓前有一個墓牌，牌子上寫道：「香妃即容妃，新疆維吾爾族，信奉伊斯蘭教，生於 1734 年。她二十七歲入宮，初封為和貴人，兩年後封為容嬪，六年後昇為容妃，在宮中生活了二十八年。乾隆皇帝非常尊重容妃的宗教信仰和民族習慣，允許其在宮內穿維吾爾族服裝，食清真菜肴，而且多次帶其出遊。乾隆五十三年（1788 年）容妃病逝，終年五十五歲，死後葬於裕妃園寢。香妃家族為清朝統一和民族團結做出了巨大貢獻。」

人的紫禁城一個人的紫禁城一個人的
個人的紫禁城一個人的紫禁城一個
一個人的紫禁城一個人的紫禁城一
個人的紫禁城一個人的紫禁城一個
的紫禁城一個人的紫禁城一個人的
紫禁城一個人的紫禁城一個人的紫
禁城一個人的紫禁城一個人的紫禁
城一個人的紫禁城一個人的紫禁城

人的紫禁城一個人的紫禁城一個人的
個人的紫禁城一個人的紫禁城一個
一個人的紫禁城一個人的紫禁城一
個人的紫禁城一個人的紫禁城一個
的紫禁城一個人的紫禁城一個人的
紫禁城一個人的紫禁城一個人的紫
禁城一個人的紫禁城一個人的紫禁
城一個人的紫禁城一個人的紫禁城

乾清門廣場

紫禁城外朝與內廷的分界線

●

在保和殿與乾清門之間有條狹長的廣場，是紫禁城內的一條分界線，稱「橫街」或「天街」，又叫乾清門廣場。它把故宮分成了南北兩部分，前為國後為家。國是帝王的國，家是帝王的家。橫街以南是外朝，是皇帝執政的地方和舉行重大典禮的場所；橫街以北為內廷，也叫後宮，是皇帝、后妃生活居住的區域。「外朝」與「內廷」以乾清門為界，乾清門以南為外朝，以北為內廷。橫街與中軸相交，形成紫禁城的中樞。

明、清兩朝的帝王以紫禁城的內廷為家，但明朝第十位皇帝武宗朱厚照則是例外。弘治十八年（1505 年）五月，明孝宗弘治皇帝朱祐樘病逝，年僅十五歲的朱厚照順理成章登上皇位，改年號為正德。明武宗朱厚照是歷史上很有爭議的一位皇帝，有人認為他荒淫暴戾、怪誕無恥，是少見的無道昏君；也有人認為他追求個性解放，是明朝歷史上極具個性色彩的皇帝。朱厚照風流倜儻，精力旺盛，終日醉心於聲色犬馬之樂。朱厚照的心思已是紫禁城的高牆所擋不住了。他不甘紫禁城內枯燥的生活，即位不久，就下令在紫禁城西營建一片宮區，稱為豹房。其實豹房新宅並非養豹之所，又非一般意義上單純遊幸的離宮，實為朱厚照居住和處理朝政之地，有人就認為是當時的政治中心和軍事總部。豹房新宅多構密室，有如迷宮，又建有妓院、校場、佛寺，甚至養了許多動物。豹房之內，美女如雲，武宗過着恣意妄為的淫亂生活。正德十六年（1521 年）三月十四日明武宗逝於豹房，享年三十一歲，在位十六年，葬於十三陵康陵。幾年前我也曾專程探訪過康陵，試圖從封存已久的歷史中找尋發生在久遠的故事，探尋這位皇帝生前與死後的那些事兒。景色絕佳的陵寢中靜靜地安息着武宗朱厚照，對於他奇特的一生，後人依舊會不斷地評說下去……

在建築形制上，前朝的宮殿大而少，間隔疏而闊；內廷的建築風格正好相反，數目多而形制小，排列緊湊，富於變化。外朝建築形象是嚴肅、莊嚴、壯麗、雄偉，以象徵皇帝的至高無上；內廷則富有生活氣息，建築多是自成院落，有花園、書齋、館榭、山石等。

以乾清門為界，無論皇親國戚、王公大臣，沒有皇帝的准許，不能進入內廷半步；內廷的后妃女眷，也不能隨便跨出乾清門。

橫街兩端也是兩座重要禁門，東面是通往寧壽宮、奉先殿區域的景運門；西側是往來慈寧宮區域的隆宗門，它們與乾清門共同構成了進出內廷的交通要道。

在內廷紫禁城的中軸線上有三座宮殿，依次是乾清宮、交泰殿和坤寧宮，稱為後三宮，再往北是御花園。兩側各有六座規制相同的院落，就是妃嬪們居住的東六宮和西六宮。東六宮的東側，有皇帝供奉祖先的奉先殿和乾隆打算養老的寧壽

乾清門廣場

全宮。在內廷中軸線的西面，有一大片宮殿，是供太后、太妃們居住的慈寧宮、壽康宮。另外，還有一座很高的建築，與周圍其他殿堂有很大差異，那是外西路的佛堂，叫雨花閣，是故宮中最大的佛堂。這座閣樓的形制與其他宮殿明顯不同，它的四個屋脊各雕有一條銅鑄鎏金的龍，四條遊龍栩栩如生，呼之欲出。

軍機處

乾清門西側一排低於宮牆的狹長房屋，就是大名鼎鼎的軍機處。它是清朝時期的中樞權力機關，不管是來自歷史書上，還是電視劇裏，「軍機大臣」四個字早已根植於遊人的腦海。室內狹小的空間及簡陋的裝飾與其重要的地位很不協調。清雍正七年（1729 年）用兵西北，為及時處理軍報，特設軍機房，清乾隆即位後，改稱總理處，乾隆三年（1738 年）始名軍機處。

軍機處總攬軍政大權，成為執政的最高國家機關，完全置於皇帝的直接掌握之下，等於皇帝的私人祕書處，始終處於臨時機構的地位。軍機處設軍機大臣、軍機章京，無定額，均為兼職。軍機大臣由皇帝親信的滿漢大學士、尚書、侍郎等兼任，如怡親王胤祥、大學士張廷玉、戶部尚書蔣廷錫、大學士鄂爾泰等，都是以親重大臣兼任軍機大臣。還有軍機章京，在內閣、翰林院、六部、理藩院等衙門官員中選充。軍機處職能原為承命擬旨，參與軍務，後逐漸演變為全國政令的策源地和行政中心，其地位遠遠高於作為國家行政中樞的內閣。

雍正皇帝是軍機處的創立者。雍正以前，清朝的中央機構有議政處和內閣。議政處主要由皇室的王公貴族組成，參與謀劃重大事項；內閣則負責處理朝廷的日常事務，對皇帝有一定的約束力。但對於力圖積極改革創新的雍正帝來說，他要乾綱獨斷，絕不容皇權旁落，更不許臣下阻撓政令的實施。所以，成立軍機處作為皇帝的直接祕書班子不失為一個很好的辦法，從而架空議政處和內閣，將其排除在權力中心之外。

軍機處擔負着國家政權的運轉，權力很大，制度也相當森嚴，非軍機處人員絕對不允許靠近窗戶和門口，更不許他人進入，就連皇子皇孫、王公大臣，沒有皇帝准許，也不得進入半步。

雍正十三年（1735 年）雍正帝駕崩，乾隆帝繼位，十月，罷軍機處，改設「總理事務處」，但不久又因實際需要而於乾隆二年（1737 年）十一月將軍機處重新恢復，並在原來的基礎上進一步增大了權力。

宣統三年（1911 年），清政府在立憲派國會請願運動的壓力下，實行所謂「責任內閣制」，下令裁撤舊設內閣及軍機處，成立由十三名國務大臣組成的新內閣，自此實行了一百八十餘年的軍機處被廢除。軍機處是雍正對中央集權制度的一項重大改革，對清朝中後期的政治制度產生了重大影響。

景運門

景運門，明永樂十八年（1420 年）建，萬曆二十六年（1598 年）重修。清沿明制，於順治十二年（1655 年）重修。

景運門位於乾清門前廣場東面，東向，與西側隆宗門相對而立，形制相同。面闊五間，黃琉璃瓦單簷歇山頂，單昂三踩

軍機處

JUN JI CHU

斗拱，徹上明造，樑枋繪墨線大點金旋子彩畫。明間及兩次間闢為門道，門扉設於後簷金柱處。門道內外設礓磋墁道以便車輿出入。門內北側為蒙古王公大臣值房、九卿值房和奏事待漏值所。門外東為奉先殿，北為毓慶宮。門外向東可通往奉先殿、箭亭、文淵閣以及寧壽宮等區域。景運門與隆宗門均為進入乾清門前廣場的重要門戶，進而可通往外朝中路及內廷中路各處，因此也被稱做「禁門」。作為通往內廷的重要禁門，平時景運門是嚴禁官員人等擅入的。

隆宗門

隆宗門，明永樂十八年（1420 年）建，萬曆二十六年（1598 年）十一月重修。清沿明制，於順治十二年（1655 年）重修。隆宗門位於乾清門前廣場西側，與東側景運門相對而立，形制相同。「隆宗」意為國本興盛。

隆宗門是內廷與外朝西路的重要通路。門內設有軍機處值房，門外西面是皇太后居住的慈寧宮，非奏事待旨及宣召，即使王公大臣也不得擅入。

清代康熙、雍正、道光等幾位皇帝在西郊御苑去世後，其梓宮都由此門迎入，並在門內齋集舉哀。

在五米高的隆宗門藍底紅邊金漆匾額上，可見有一支黑色的箭鏃，深深地嵌插在金黃色的「宗」字的左旁，表示這裏曾發生過一場驚心動魄的激烈戰鬥。隆宗門上的箭頭，是震驚全國的「紫禁城之變」的歷史見證。

嘉慶十八年（1813 年）九月十四日，農民領袖林清率領京畿一支隊伍直接攻打紫禁城，起義軍喬裝打扮，兵分兩路，計劃從東、西華門進入宮城，並在此展開激戰。最後，農民起義軍因寡不敵眾被迫撤退，以失敗告終。隆宗門匾額上留有箭頭，相傳是這次戰鬥的遺跡。

隆宗門

後三宮區

皇帝和皇后的寢宮

●

曾經顯赫威嚴的紫禁城，今日依然恢宏與華美，叱吒風雲的明、清帝王已被載入史冊，那些一代代陪伴着皇帝的文武百官、妃嬪、宮女和太監，只不過是歷史風雲裏微不足道的過客。佇立在紫禁城中巍峨的宮殿和高高的宮牆，已落滿時光的塵埃。空無一人的宮城，過往極致的浮華和如今極致的靜謐形成強烈對比。皇帝的後宮美女如雲，佳麗薈萃，有說不完的奢華，道不盡的光彩；但是，也有說不完的寂寞，道不盡的淒涼。深宮有幾多幽怨，望盡惆悵，窺見可能，這裏承載着佳麗的青春與夢想。

後三宮區包括南起乾清門，北至坤寧門，以乾清宮、交泰殿和坤寧宮為主的位於中軸線上的大宮殿院落。這裏坐落着紫禁城的主人——皇帝和皇后的正寢宮殿。故宮建築的後半部叫內廷，又稱後寢，為紫禁城北部皇室生活區域的統稱。這裏以皇帝、皇后的正寢宮殿乾清、坤寧二宮為中央，東、西分佈皇帝的便殿，后妃們居住的東六宮、西六宮，以及皇子們生活的乾東五所、乾西五所等院落。再向東為乾隆皇帝興建的太上皇宮殿院落寧壽宮區，外西路則是供太后、太妃們養老的慈寧宮、壽康宮等區域。內廷宮殿的大門 —— 乾清門，左右有琉璃照壁，門裏是後三宮。內廷以乾清宮、交泰殿、坤寧宮三宮為中心，東西兩翼有東六宮和西六宮，是皇帝處理日常政務之處，也是皇帝與后妃居住生活的地方。內延是帝王后妃們居住的地方，俗稱「三宮六院」。透過後三宮的華麗和東西六宮的陳設可以感受到昔日帝王生活的奢華和六宮粉黛生活的溫婉氣息。

內廷區域院落重重，建築格局嚴謹中有巧妙，裝飾風格豪華中有秀雅，內廷禮儀、寢居場合之外，又有書房、佛堂、苑囿等處所，留有古代皇家生活的許多遺跡。內廷還有為皇家遊玩的四處花園，即御花園、慈寧宮花園、乾隆花園和建福宮花園。

紫禁城的後宮，就像高牆圍合中的迷宮，道道高牆阻擋了外面窺視，也封閉了裏面的視野。這裏不僅是帝后帝妃的纏綿悱惻之地，也囚禁了多少後宮女子的年華，演繹着前世今生的華麗與寂寞。

乾清門

乾清門為紫禁城內廷的正宮門，建於明永樂十八年（1420年），清順治十二年（1655年）重修，現有建築為清嘉慶三年（1798年）所建。「乾清」為乾天清正之意。乾清門外向東西兩側展開琉璃影壁，門前陳設金獅和金水缸，門內高台甬路直通乾清宮前丹陛，為皇帝御路。

乾清門面闊五間，進深三間，高約十六米，單簷歇山屋頂，坐落在高一點五米的漢白玉石須彌座上，周圍環以雕石欄

乾清門

杆。門前三出三階，中開三門，門扉安設在後簷部位，門廳敞亮。兩梢間為青磚檻牆，方格窗。簷下施單昂三踩斗拱，繪金龍和璽彩畫。中為御路石雕，兩側列銅鎏金獅子一對。內廷的銅鎏金獅子比起外朝太和門的青銅獅子少了幾分陽剛和霸氣，多出些許陰柔和溫順。獅子造型是雄雌一對，雌獅左腳逗弄着小獅子，表示母儀天下，子嗣昌盛；雄獅右腳踏着繡球，象徵皇權至上，一統天下。後宮裏的獅子與前朝的略有不同，眼睛被眼瞼遮去一半，耳朵半遮半露，意為該看就看，不該看就不看；該聽則聽，不該聽則不聽。我不得不佩服，皇宮裏不僅人人心口不一、心機深似海不說，連雕塑都如此有深意。

門兩側為「八」字形琉璃影壁，高八米，長九點七米，壁心及岔角以琉璃花裝飾，花形自然逼真，色彩絢美艷麗。門內有高台甬路連接乾清宮月台。

乾清門是連接內廷與外朝往來的重要通道，在清代又兼為處理政務的場所，清代的御門聽政、齋戒、請寶接寶等典禮儀式都在乾清門舉行。乾清門的規制明顯小於前朝太和門。

御門聽政是歷代較有作為的帝王處理政務的一種形式，因是在清晨故又稱早朝。明朝規定，文武官員每天拂曉到奉天門（太和門）早朝，皇帝親自接受朝拜、處理政事。清初御門聽政移至乾清門。清代以康熙皇帝為代表的御門聽政於這裏舉行。康熙把御門聽政放在乾清門，便捷得多，乾清門雖然不如太和門氣派，但它接近後宮，省時省力，效率高。 清代的許多重大國事，比如平定吳三桂等人的叛亂、抗擊沙皇俄國的侵略、出兵收復台灣等都是在這裏討論決策的。

乾清門內即為乾清宮院落，後三宮區的第一個院落，這裏是皇帝的正寢居所。乾清宮東西兩側為昭仁、弘德兩座便殿。圍繞乾清宮院落的廡房設有管理御膳、御茶、御藥、御用衣冠、御用文具等各類機構。

上書房

乾清門內東側為上書房，是清代皇子皇孫讀書之處。皇子皇孫從虛歲六歲就要進上書房讀書，一天學習十來個小時，一年要上課三百六十天，天天進行考試，沒有畢業昇級的概念。清朝的皇室教育學習內容很多：漢語、滿語、蒙古語、四書五經、騎射、書法等，讓皇子皇孫們全面接受漢族優秀傳統文化知識和本民族文化精華，全方位學習實用技能。

清朝皇帝康熙一生求學，孜孜不倦。他把兩歲的皇太子抱養在自己的寢宮監督教育，親自教授，並經常到上書房檢查皇子皇孫的作業、書法。雍正皇帝為上書房寫下「立身以致誠為本，讀書以明理為先」的寄語。皇帝參加祭祖、巡幸、出征都要帶上成年的皇子，以言傳身教，使其見習各種政務及軍務活動。皇帝還將擔負朝廷實際事務的大臣派到上書房擔任總教育長，把常年擔負朝廷要職，與帝王朝夕共事的翰林派到上書房當師傅，傳授治國安邦之道。

清朝稱上書房老師為師傅，上書房老師不僅學問要大，為人做事還要公正善良。因此，皇帝蒐盡天下的政治家、文學家、書法家、國師泰斗到上書房輪番施教。有的老師一教就是幾十年，甚至幾代人在上書房教學。優秀的教師教育出優秀的學生，有的老師因受皇帝寵信，也為皇子繼承皇位做出了貢獻。

乾清宮

乾隆帝非常重視皇子的教育，特意挑選了大學士鄂爾泰、張廷玉等擔任皇子的師傅。乾隆皇帝的兒子顒琰把自己的書房起名為「味餘書室」，並寫有一篇《味餘書室記》，表示牢記朱珪師傅「勤學有餘」的教誨。在侍學顒琰的名師中，朱珪最得崇信。顒琰始終以「知不足」自勉，告誡自己學無止境，他給自己的另一處書齋取名為「知不足齋」。

少年時期的顒琰，學習成績頗佳，年長後，尤喜讀諸史、通鑒，居然達到「上下三千年，治跡目了然」的程度。乾隆六十年（1795 年）九月，顒琰被正式立為皇太子。翌年正月初一日，顒琰即帝位，年號嘉慶。從皇子時代直至登基後，他始終如一地以此自勉，並以「知不足」製成璽印，鈐蓋於書卷之上。可以說，顒琰的讀書、學習、生活為他後來統治龐大的帝國打下了堅實的基礎。

南書房

南書房設立於康熙十六年（1677 年），是康熙皇帝為調整朝廷權力設置的機構。南書房在乾清門西側，本是康熙讀書處，俗稱南齋，命侍講學士張英、內閣學士銜高士奇入值。此為選翰林文人入值南書房之始，即內廷詞臣直廬。翰林入值南書房，初為文學侍從，隨時應召侍讀、侍講，皇帝每外出巡幸亦隨扈，皇帝即興作詩、發表議論等皆記註，進而常代皇帝撰擬詔令諭旨，參與機務。清代士人視之為清要之地，能入則以為榮。由於南書房「非崇班貴檁、上所親信者不得入」，所以它完全是由皇帝嚴密控制的一個核心機要機構，隨時承旨出詔行令，這使南書房「權勢日崇」。

南書房地位的提高，是康熙帝削弱議政王大臣會議權力，同時將外朝內閣的某些職能移歸內廷，實施高度集權的重要步驟。雍正朝自軍機處建立後，軍機大事均歸軍機處辦理，南書房官員不再參與機務，其地位有所下降。但由於入值者常能覲見皇帝，因此仍具有一定地位。南書房也被長期保留，直至光緒二十四年（1898 年）撤銷。

清史中著名的「康熙擒鼇拜」即發生在此處。康熙當皇帝的時候只有八歲，鼇拜等四名大臣輔政。鼇拜，滿洲鑲黃旗人，是清朝三代元勳，康熙帝早年輔政大臣之一。鼇拜憑其戰功卓著，盛氣凌人，居功自傲，專橫跋扈。他通過大肆結黨營私，為所欲為，迫害異己，逐漸總攬了朝廷大權，幹了許多壞事。康熙十四歲時，名義上正式親政，可實際上鼇拜仍然控制着朝廷，把康熙置於傀儡地位。有一次，鼇拜和一個大臣發生爭執，鼇拜在朝堂上和康熙大吵大鬧，後來竟然擼起袖子、伸出拳頭，脅迫康熙。康熙只好暫時忍耐。

從那以後，康熙決心除掉這塊絆腳石。在康熙八年五月的一天，康熙皇帝召見鼇拜，命賜茶。內侍用開水煮過的碗盛茶水，以盤端至鼇拜面前，鼇拜接茶時，因碗極熱燙手，茶碗砰然墜地。鼇拜身後的內侍乘勢一推原本做了手腳的椅子，鼇拜僕摔於地。康熙皇帝呼曰：「鼇拜大不敬。」一群健壯的少年立即湧出來將鼇拜擒獲。康熙嚴厲地列舉了鼇拜的三十條罪狀。考慮到鼇拜畢竟為清朝立下過汗馬功勞，宣佈將他終身監禁。不可一世的鼇拜後來死在獄中。

乾清宮

乾清宮

乾清宮，是皇帝的寢宮，內廷後三宮之一，始建於明代永樂十八年（1420 年），明、清兩代曾因數次被焚毀而重建，現有建築為清嘉慶三年（1798 年）所建。「乾清」為乾天清正之意。

乾清宮為黃琉璃瓦重簷廡殿頂，坐落在單層漢白玉石台基之上，連廊面闊九間，進深五間，建築面積一千四百平方米，自台面至正脊高二十餘米 ，簷角置脊獸九個，簷下上層單翹雙昂七踩斗拱，下層單翹單昂五踩斗拱，飾金龍和璽彩畫，三交六椀菱花隔扇門窗。殿內明間、東西次間相通，明間前簷減去金柱，樑架結構為減柱造形式，以擴大室內空間。後簷兩金柱間設屏，屏前設寶座，寶座上方懸「正大光明」匾，東西兩梢間為暖閣，是皇帝的住所。

乾清宮殿堂正中「正大光明」匾背後是清代皇帝放置建儲密匣之處，即是雍正皇帝創建的祕密建儲制儲藏傳位詔書的地方。所謂祕密建儲制，即將選定的皇位繼承人名封存在建儲匣內，置於乾清宮「正大光明」匾的後面，待皇帝死後，取下匣子由祕密指定的皇子即位。清朝的乾隆、嘉慶、道光、咸豐四位皇帝都是按祕密建儲制度登上皇帝寶座的。

乾清宮建築規模為內廷之首，作為明代皇帝的寢宮，自永樂皇帝朱棣至崇禎皇帝朱由檢，共有十四位皇帝曾在此居住。

1644 年，清軍入關，年輕的順治皇帝成為清朝入住紫禁城的第一位皇帝。他把寢宮選在了乾清宮，後來，他在殿中央掛了一塊匾額「正大光明」，揭開了新王朝定都紫禁城的序幕。

康熙皇帝也曾在這裏居住，並在這裏批閱奏章、召見官員、接見外國使節。從清朝第五代皇帝雍正開始，將寢宮移到了養心殿。

乾清宮後簷設仙樓，兩盡間為穿堂，可通交泰殿、坤寧宮。殿前寬敞的月台上，左右分別有銅龜、銅鶴、日晷、嘉量，前設鎏金銅香爐四座，正中出丹陛，接高台甬路與乾清門相連。乾清宮左右兩側各有一個江山社稷金亭，象徵皇帝掌握着皇家的江山、社稷。乾清宮在整個紫禁城等級僅次於太和殿。乾清宮與交泰殿、坤寧宮合稱為內廷後三宮，後三宮建築形式與前朝的三大殿相似，但形制略小。

清代時，乾清宮還是皇帝死後停放靈柩的地方。即使皇帝死在其他地方，也要先把他的靈柩（也稱梓宮）運往乾清宮停放幾天，再轉至景山內的觀德殿，最後正式出殯。順治皇帝死在養心殿，康熙皇帝死在暢春園，雍正皇帝死在圓明園，咸豐皇帝死在避暑山莊，他們的靈柩都曾被運回乾清宮，停放在這裏並按照規定舉行祭奠儀式。

據記載，明嘉靖年間發生「壬寅宮變」後，世宗移居西苑，不敢回乾清宮居住。萬曆帝的鄭貴妃為爭皇太后鬧出的「紅丸案」、泰昌妃李選侍爭做皇后而移居仁壽殿的「移宮案」，都發生在乾清宮。

明朝嘉靖年間的「壬寅宮變」，是歷史上一次罕見的宮女起義。嘉靖皇帝用虐待宮女的方法來煉取長生不老藥，命方士煉丹，迷信其可壯陽強身。嘉靖二十一年（1542 年）十月二十一日，宮婢楊金英等十六名宮女聯合起來，準備謀殺嘉靖皇帝。她們趁世宗熟睡，摸進乾清宮寢宮內，用繩子套脖子，誰知在慌亂之下，宮女們將麻繩打成死結，結果只令嘉靖皇帝

乾清宮內景

正
表正萬邦慎厥身修思永

嚇昏，而沒有斃命。其中一個膽小的宮女因害怕，報告給方皇后。方皇后趕到，將宮女們制服。最後，楊金英等宮女、端妃曹氏與寧嬪王氏等俱被殘酷地凌遲處死。由於此事發生在嘉靖壬寅年，所以後世史學家稱之為「壬寅宮變」。

「壬寅宮變」後，乾清宮成了嘉靖皇帝的夢魘之地，之後他搬去西苑居住，二十多年沒有回紫禁城。直到嘉靖四十五年（1566 年）十二月十四日，嘉靖皇帝病危，他才從西苑回到了乾清宮，當天他就在乾清宮駕崩了，葬於十三陵永陵。

《永樂大典》編纂於永樂年間，是中國最著名的一部古代典籍，也是迄今為止世界上最大的百科全書。據史書記載，《永樂大典》修成之後，明朝各代帝王查閱過《永樂大典》的寥寥可數，嘉靖皇帝卻是個例外。嘉靖皇帝在位四十五年，崇信道教，朝政昏庸。然而，就是這樣一個皇帝，卻對《永樂大典》產生了特別的興趣。嘉靖皇帝的案頭常常放置着幾冊《永樂大典》以便隨時翻閱，更將其作為必備的參考經典，並時常在朝廷上引用。嘉靖皇帝駕崩下葬後，《永樂大典》正本的去處就音信杳然。皇帝的喪葬與正本的失蹤如此巧合，所以有人認為《永樂大典》正本，沒有毀亡，更沒有遺失，它也許作為嘉靖皇帝的殉葬品埋藏於永陵的地宮中。這一傳聞更增添了永陵的神祕感。

萬曆四十八年（1620 年）七月二十一日，萬曆皇帝病死。太子朱常洛繼位，改年號為泰昌，所以習慣把他叫做泰昌皇帝。朱常洛登基後，寵妃李選侍照顧皇長子朱由校遷入乾清宮。朱常洛即位後，頗具心計的鄭貴妃為保全自己，取悅新帝，從侍女中挑選了八名能彈會唱的美姬進獻給泰昌帝。本來以為新君繼位，會有一番作為，不想登基大典後僅十天，泰昌帝無所事事，耽於淫樂，即位後更不注意身體，沒過幾天就臥病不起。泰昌皇帝命身邊太監速召鴻臚寺丞李可灼進宮。諸臣再三囑咐李可灼慎重用藥，泰昌皇帝則不斷催促趕快喝藥。到日午，李可灼進一粒紅丸。泰昌皇帝先飲湯，氣直喘。待藥入，即不喘。於是稱讚李可灼為「忠臣」。大臣們都心懷不安，等候在宮門外。一位太監高興地出來傳話：皇上服了紅丸後，「暖潤舒暢，思進飲膳」。李可灼又進一丸。沒過幾個時辰，泰昌皇帝就死了。泰昌元年（1620年）九月，泰昌皇帝朱常洛逝於乾清宮，葬於十三陵慶陵。這時他即位僅二十九天，史稱「一月天子」，成了明朝歷史上在位時間最短的皇帝。泰昌皇帝之死究系何因，始終未解，這件因紅丸引發的宮廷案件，史稱「紅丸案」。

「一月天子」朱常洛死後，他的愛妃李妃有野心想當皇太后，堅持要和即將登基的皇太子朱由校一起住在乾清宮，以此要挾群臣。但是這些大臣設計把太子從她手中騙了出來，可她還是在乾清宮不走。直到太子即位前一天晚上，眾大臣一起到乾清宮門口斥責她，她才被迫離開了乾清宮，史稱「移宮案」。

每年元旦和皇帝的萬壽生日慶典，都要在乾清宮設宴招待群臣，稱為內廷宴，也稱家宴。清朝的康熙和乾隆兩朝，多次在乾清宮舉行盛大宴會，稱為昇平嘉宴，目的是昭顯盛世輝煌。

日精門是乾清宮院落的東門，是乾清宮前庭出入的主要門戶之一，門外即東一長街，東南方即通往齋宮的仁祥門。

月華門是乾清宮院落的西門，是乾清宮前庭出入的主要門戶之一，門外即西一長街，並與遵義門正對，進遵義門即到達清代皇帝的寢宮 —— 養心殿。

交泰殿

昭仁殿

昭仁殿始建於明代，為乾清宮東側小殿，單簷歇山頂，上覆黃琉璃瓦。面闊三間，正中明間辟門。明代，殿前有斜廊。清代改廊為磚牆，自成一院，有小門以通內外。殿後接室三間，均為藏書之處。殿之東設龍光門。

嘉慶二年（1797 年）十月二十一日，乾清宮突發大火，大火首先從乾清宮的東暖閣東面穿堂的楠木格子燃起，隨即引燃乾清宮，並迅速延燒左右兩側的弘德、昭仁兩殿。《天祿琳瑯》之珍貴藏書被焚為灰燼。同月，嘉慶皇帝命重輯《天祿琳瑯續編》，於次年完成。嘉慶三年（1798 年）昭仁殿重建。

昭仁殿曾是康熙皇帝的寢殿。後來乾隆皇帝將此殿闢為書房，乾隆皇帝親筆御書「天祿琳瑯」匾額，懸掛於殿內牆上，這裏成為皇帝讀書的地方。嘉慶皇帝亦常臨室閱覽，並作有《五經萃室觀書詩》。

弘德殿

弘德殿為乾清宮之西小殿，始建於明代，初名雍肅殿，明萬曆十四年（1586 年）改今名。清嘉慶二年（1797 年），乾清宮失火延燒弘德殿，次年重建。光緒十六年（1890 年）、二十三年（1897 年）重修。

殿南向，單簷歇山頂，覆黃琉璃瓦。面闊三間，明間辟門。殿中懸掛匾曰「奉三無私」，南向設御座。明代，殿前有斜廊。清代改為磚牆，自成一院。東側有小門一道，以通內外，西側為鳳彩門。弘德殿在明代為皇帝召見臣工之處，清代則為皇帝辦理政務及讀書之處。順治十四年（1657 年）以開日講祭告先師孔子於弘德殿。康熙年間，康熙皇帝在弘德殿命講官進講四書五經，並與講官論及吏治之道，抑或吟詩作賦。同治年間，奉兩宮皇太后懿旨，同治皇帝在弘德殿入學讀書。

交泰殿

交泰殿，內廷後三宮之一，位處乾清宮與坤寧宮之間，形制與中和殿略同。「交泰」取自《易經》中「天地交泰」，意為「天地交合、康泰美滿」之意。交泰殿約為明嘉靖年間建，順治十二年（1655 年）、康熙八年（1669 年）重修，嘉慶二年（1797 年）乾清宮失火，殃及此殿，是年重建。

交泰殿平面為方形，面闊、進深各三間，單簷四角攢尖頂，銅鎏金寶頂，黃琉璃瓦，雙昂五踩斗拱，樑枋飾龍鳳和璽彩畫。四面明間開門，三交六椀菱花，龍鳳裙板隔扇門各四扇，南面次間為檻窗，其餘三面次間均為牆。殿內頂部為正中為八藻井，地面鋪墁金磚。

殿中設寶座，上懸康熙帝御書「無為」匾，寓意無為而治，順其自然，以仁德教化萬民，達到天下大治。殿內寶座周圍排列着用來儲放皇帝寶璽的寶盒，寶盒上罩着黃色的緞布。寶座後板屏上書乾隆帝御製《交泰殿銘》。東次間設古代計時器銅壺滴漏。西次間設大自鳴鐘，清代，於此殿貯清二十五寶璽。二十五寶璽是皇帝行使權力的印章，乾隆十三年（1748 年），皇帝將代表皇權的二十五寶璽存放在交泰殿。這些玉璽由內閣掌握，由宮殿監的監正管理，用時須請示皇帝。

交泰殿內陳列着一座木閣樓包裝的落地自鳴鐘，通高五點八米，共分上中下三層。鐘樓背面有一小階梯，登上階梯，

1 2
3
4

1 交泰殿
2 「鳳壓龍」圖案的丹陛石
3 交泰殿龍鳳雕飾
4 交泰殿龍鳳彩繪

可以給自鳴鐘上弦。大鐘運行穩定，報時準確，每月上一次發條，鐘鳴聲音洪亮，可以傳到乾清門外。宮內時間以此為准。

明、清時，交泰殿是皇后舉辦壽慶活動的地方，也是正宮皇后在重大節慶接受朝賀之地。每年正月開寶日，皇帝在此行三跪九叩的開寶禮。

從外朝至內廷一路走來，各個宮殿的裝飾彩畫都是龍的圖案。只有到了交泰殿才出現龍鳳圖案，且金鳳凌於金龍之上。交泰殿是皇后日常管理後宮和接受女眷叩拜的場所，故此殿出現象徵皇后的鳳紋，彰顯了皇后在後宮的主導地位。

在清東陵，慈禧陵的隆恩殿前漢白玉台基中央有一塊「鳳壓龍」圖案的丹陛石，其構圖為鳳上龍下。慈禧太后生前在政治上權威顯赫，在生活上享盡了人間富貴，而她為自己所建造的陵墓也極其奢華。

坤寧宮

從乾清宮再往北行經交泰殿便可到達坤寧宮。中路內廷「後三宮」的最後一站 —— 坤寧宮，人們一定不會陌生。明朝時，坤寧宮是皇后的居所，清朝時，將西暖閣改為祭神場所，東暖閣改為皇帝新婚的洞房，規定凡是在未成年就即位的皇帝，在結婚時要與皇后在此度過三天，康熙、同治和光緒三位不滿十八歲就即位的少年皇帝無一例外。這裏的龍鳳喜床、雙喜宮燈、色彩鮮艷的「百子帳」和「百子被」似乎在講述着皇后大相徑庭卻殊途同歸的命運：康熙的皇后赫舍里氏備受寵愛卻英年早逝；同治的皇后阿魯特氏滿懷悲憤吞金自盡；光緒的皇后葉赫那拉氏攬盡權力卻無緣愛情。

坤寧宮始建於明永樂十八年（1420 年），正德九年（1514 年）、萬曆二十四年（1596 年）兩次毀於大火，萬曆三十三年（1605 年）重建。清沿明制於順治二年（1645 年）重修，順治十二年（1655 年）仿瀋陽盛京清寧宮再次重修。嘉慶二年（1797 年）乾清宮失火，延燒此殿前簷，三年（1798 年）重修。「坤寧」為坤地寧定之意。

坤寧宮坐北面南，面闊連廊九間，進深三間，黃琉璃瓦重簷廡殿頂。皇帝是乾，皇后是坤，皇后也是天下間之唯一，皇后的寢宮取自《道德經》中的「坤得一以寧」這一句，故名坤寧宮。乾清宮代表陽性，坤寧宮代表陰性，以表示陰陽結合，天地合璧之意。

明崇禎十七年（1644 年）三月十八日，李自成攻入北京。崇禎皇帝走投無路，先是命人將太子和諸位皇子送出紫禁城，後執劍逼迫后妃子嗣自盡以免成為囚徒受辱。他對周皇后說：「你是國母，理應殉國。」周皇后也哭着說：「妾跟從你十八年，陛下沒有聽過妾一句話，以致有今日。現在陛下命妾死，妾怎麼敢不死？」周皇后在坤寧宮自縊而亡。崇禎轉身對袁貴妃說：「你也隨皇后去吧！」袁貴妃哭着拜別，領命後回到自己的居所翊坤宮懸樑自盡，不料繩子斷裂，袁貴妃跌落地上昏厥，不久醒來。崇禎帝一狠心，用劍對其亂刺，認定她必死無疑後離去。沒想到袁氏命大，傷在肩部，並沒有危及生命。她被入關後的清廷擇府贍養，但日日悲傷，不久就死去了。

崇禎皇帝朱由檢出紫禁城前提着劍直奔長平公主的住處寧壽宮，拿劍指着她，雙手止不住地顫抖。年輕的長平公主不知發生了甚麼事，問道：「父皇，您要殺我嗎？您為甚麼要殺

坤寧宮

御花园
Imperial Garden (Yuhua yuan)

我？」崇禎掩面說道：「汝何故生我家！」隨後，以劍揮斫之，斷左臂。崇禎以為長平公主已死，又跑到昭仁殿，殺了年僅六歲的昭仁公主。朱由檢又砍死了妃嬪數人，並命令左右去催懿安張皇后自盡。

明崇禎十七年（1644 年）三月十九日，李自成領導的農民起義軍攻陷了紫禁城，崇禎皇帝見大勢已去，由太監王承恩陪伴登上煤山（今北京景山），在壽皇亭附近的歪斜的老槐樹上自縊而死，終年三十四歲。隨後，王承恩也吊死於旁邊的海棠樹上。崇禎皇帝臨死前在他的皇袍衣襟上寫下了遺言：「朕自登極十七年，逆賊直逼京師，雖朕薄德匪躬，上干天怒，然皆諸臣之誤朕也。朕死，無面目見祖宗於地下，去朕冠冕，以髮覆面，任賊分裂朕屍，勿傷百姓一人。」崇禎沒想到明朝滅亡得這樣快，所以生前沒有為自己建造陵墓，崇禎皇帝死後葬於十三陵思陵。

思陵原本是崇禎皇帝寵妃田貴妃之妃園寢。明朝滅亡後，李自成命人將崇禎皇帝及皇后周氏合葬於田貴妃之墓，為籠絡人心改名思陵，使思陵成為明十三陵中唯一一座帝后與妃嬪合葬之陵。

思陵，孤零零地遠離天壽山谷裏的明代帝王陵群，生不逢時的明朝最後的帝王，死後的陵寢也與眾不同，雖然沒有殿宇樓台般的奢華，但古陵殘碑，松濤陣陣，仍別有一番意境。思陵附近有一座陪葬墓，是崇禎皇帝的心腹太監王承恩的墓葬，通常稱為王承恩墓。大明王朝，盛世與亂世，交織成歷史的幻影，籠罩着明朝最後一代帝王破敗的陵寢，讓人感到無盡的蒼涼與悲情。

清朝真正在坤寧宮裏住過的皇后並不多，只有幾位皇后曾在這裏住過，即順治帝廢后孝惠章皇后，康熙帝孝誠仁皇后、孝昭仁皇后等。清順治十二年坤寧宮改建後，成為薩滿教祭神的主要場所。

同治皇帝病逝後，慈禧太后為了能繼續垂簾聽政，把持政務，於是立同治皇帝四歲的堂弟載湉為嗣皇帝，年號光緒。幼年的光緒皇帝被慈禧太后挾持到皇帝的寶座上後，隨着年齡的增長，大婚和親政之事也逐漸臨近。光緒十四年（1888 年），年滿十八歲的光緒皇帝載湉大婚即將舉行，通過選秀女確定皇后的程序，慈禧太后最後定下她的弟弟桂祥之女葉赫那拉氏成為新一代的皇后。十月初五，兩道懿旨同時頒下，一道懿旨宣佈立葉赫那拉氏為皇后，另一道則宣佈侍郎長敘的兩個女兒分別立為瑾嬪和珍嬪（後晉封為瑾妃和珍妃）。

光緒皇帝大婚禮儀隆重而繁縟，分別經過了納採、大徵、冊立、奉迎、合巹、祭神、廟見、朝見、慶賀、頒詔、筵宴等一系列非常複雜的儀式。皇帝大婚的消息傳遍整個京城，普天同慶。然而大婚並非大喜，面對不喜歡的皇后和渺茫的親政夢想，十八歲的光緒鬱鬱寡歡。至於繼任的幼年皇帝溥儀，在位僅三年就迎來了清朝的滅亡，他無法等到大婚的那一天。光緒大婚禮儀遂成為帝王婚禮的絕唱。

御花園

坤寧門

坤寧門是內廷的後門，向北開，面闊三間，單簷歇山式頂，覆黃琉璃瓦。明間設門，中一間安裝宮門兩扇。清代選秀女時，秀女們在此門候選。坤寧門的北面便是御花園。

明嘉靖十四年（1535 年），坤寧宮後北圍廊正中廣運門改建，同時將其改稱坤寧門並一直延續至清朝。坤寧門曾於清順治十二年（1655 年）重修。

御花園

御花園區

中軸線上的皇家御苑

●

御花園

御花園位於紫禁城中軸線上，坤寧宮後方，明代稱宮後苑，清代始名御花園。始建於明永樂十八年（1420 年），以後曾有增修，現多為明嘉靖、萬曆朝建築。全園南北縱九十米，東西寬一百三十米，佔地面積近一千二百平方米，是紫禁城內年代最老、面積最大的宮廷園林。御花園以欽安殿為中心，兩邊均衡地佈置各式建築殿、亭、樓、閣二十多座，無論是依牆而建還是亭台獨立，均玲瓏別致，其中以浮碧亭、澄瑞亭、萬春亭和千秋亭最具特色。園內青翠的松、柏、竹間點綴着山石，掩映成景，形成四季常青的園林景觀。園內甬路均以不同顏色的卵石精心鋪砌而成，組成九百餘幅不同的圖案，有人物、花卉、景物、戲劇、典故等，沿路觀賞，妙趣橫生。

天一門

天一門位於紫禁城內廷中路御花園內，為欽安殿院落之南門，明嘉靖十四年（1535 年）初名天一之門，清代改為天一門。「天一」為星名，又為北極神之名，又喻「天一生水」之意。嘉靖皇帝親為院門題名，有祈求平安之意。

天一門主體由青磚砌成，磨磚對縫，工藝考究。正中單洞券門，內裝雙扇朱漆宮門，門上嵌縱橫各九路銅鎏金門釘。黃琉璃瓦歇山頂，簷下綠琉璃仿木結構椽、枋、斗拱。天一門兩側各出琉璃影壁與院牆相連，影壁的盒子與岔角部位飾琉璃仙鶴、雲朵，做工精美。門前左右陳列銅鍍金獬豸各一，御路正中設青銅香爐一座。門內正對連理柏一株，枝繁葉茂，蒼勁古樸。

欽安殿

欽安殿是紫禁城中軸線上的最後一座宮殿，是御花園的主體建築。欽安殿始建於明代，明嘉靖十四年（1535 年）添建牆垣以自成格局。殿為重簷盝頂，坐落在漢白玉石單層須彌座上，南向，面闊五間，進深三間，黃琉璃瓦頂。殿前出月台，月台前出丹陛，東西兩側各出台階。四周圍以穿花龍紋漢白玉石欄杆，龍鳳望柱頭。殿前院牆正中辟門，曰「天一門」。

紫禁城的第一位主人朱棣，從北方起兵，順利奪取大明政權，因此，深信鎮守北方的真武大帝是他的守護神靈。建造紫禁城時，他特意在紫禁城的中軸線上修建了欽安殿。公元 1420 年，欽安殿與紫禁城同時落成。欽安殿內供奉玄天上帝，

天一門

欽安殿

又稱真武大帝，為道教中的北方之神。清代每逢元旦年節，都要在此設斗壇、道場，皇帝來此拈香行禮。

在紫禁城中，明、清兩代的皇帝們不是住在乾清宮就是住在養心殿，可明朝的第四位皇帝朱高熾卻偏偏選擇了並不起眼的欽安殿作為自己的寢宮。

朱高熾是明成祖永樂皇帝朱棣的長子，明永樂二年（1404年）立為皇太子，明永樂二十二年（1424年）八月十五日即皇帝位，洪熙元年（1425年）五月十二日，葬於十三陵獻陵。朱高熾之死十分可疑，一般認為是由於心髒病突發猝死，有人說他是被太子朱瞻基害死的，還有人說他是色欲過度死掉的，也有人說他是服用了金石之藥中毒死亡的。

絳雪軒

絳雪軒位於御花園東南，後依宮牆，坐東面西，面闊五間，黃琉璃瓦硬山式頂，前接歇山卷棚頂抱廈三間，平面為「凸」字形。門窗為楠木本色，柱、框、樑、枋皆飾斑竹紋彩畫，樸實淡雅。軒前的琉璃花壇頗為精緻，壇內疊石為山，栽有牡丹等名貴花木。原來，軒前有海棠樹五株，每當花瓣飄落時，宛若雪花片片繽紛而降，遂名絳雪軒。晚清時，慈禧命從河南移來太平花，代替了古海棠。太平花葉片呈長橢圓形，邊緣有稀疏小齒，四枚白色花瓣，初夏開花，清香淡雅。花壇前豎立一木化石，上刻乾隆帝御題詩句。

養性齋

養性齋位於御花園西南，始建於明代，初名「樂志齋」，清代改名為「養性齋」。平面呈「凹」字形，它和絳雪軒的「凸」字形相對稱。齋為兩層樓閣式，坐西面東，齋前疊石環抱。清乾隆十九年（1754 年）於樓兩端向前各接出三間，改建為轉角樓。樓上正中懸康熙御筆匾「飛龍在天」。樓下正中懸匾「居敬存誠」，北樓下東向匾曰「怳心頤神」。清嘉慶、道光兩帝時常來這裏休息讀書。遜帝溥儀的英文教師莊士敦曾在此居住。

御花園四周有亭四座：東北為浮碧亭、東南為萬春亭、西北是澄瑞亭、西南是千秋亭，分別代表春夏秋冬一年四季。

萬春亭與千秋亭

萬春亭在御花園東部與花園西部的千秋亭相呼應，造型相同，成為一對，建於明嘉靖十五年（1536 年）。亭重簷，上圓下方，合於「天圓地方」之說。亭內天花板繪雙鳳，藻井內置貼金雕盤龍，口銜寶珠。「萬春」，即天地長春之意。兩亭都精美絢麗，可稱宮內最美的亭子之一。

1 2

3

1 萬春亭
2 澄瑞亭
3 浮碧亭

澄瑞亭

澄瑞亭位於御花園的西北，正北為倚園北牆而建的位育齋，正南為千秋亭。亭建於明萬曆十一年（1583 年），前簷抱廈為清雍正十年（1732 年）所添建。亭平面方形三開間，通面闊約八米，前出抱廈。亭和抱廈頂均為綠琉璃瓦黃剪邊，攢尖頂上安琉璃寶頂。方亭內為金龍圖案井口天花，正中有雙龍戲珠八方藻井，簷下龍錦彩畫。

浮碧亭

浮碧亭位於御花園的東北。亭始建於明萬曆十一年（1583 年），前簷抱廈為清雍正十年（1732 年）所添建。亭平面方形，三開間，通面闊約八米，前出抱廈，下有東西長的矩形水池，池上橫跨單券洞石橋，亭坐落於橋上。

四神祠

四神祠在御花園內欽安殿院落的西面，建於明嘉靖十五年（1536 年），是供奉道教四神的地方。其建築造型纖秀而別具風格，形制似仿道教八卦，裝飾色彩絢麗。室內靠南牆砌磚台，是架供案奉安神牌的地方。所謂四神有兩種說法，另一說是青龍、白虎、朱雀、玄武，一說是風、雲、雷、雨神。

摛藻堂

摛藻堂位於御花園東北部堆秀山的東側。「摛藻」為施展文採之意。面闊五間，黃琉璃瓦硬山式頂，堂西牆辟有一小門，可通西耳房。堂前出廊，明間開門，次梢間為檻窗。室內放置書架，為宮中藏書之所。乾隆四十四年（1779 年）後，《四庫全書薈要》曾藏於此。

位育齋

位育齋位於御花園內西北，明代建，初名對育軒，嘉靖年間曾更名玉芳軒，清代改稱今名。「位育」出自《中庸》「致中和，天地位焉，萬物育焉」，即各得其所，得以生養發育之意。

延暉閣

延暉閣位於御花園內西北，北倚宮牆。明代初建時名為清望閣，清代改今名。閣坐北面南，三開間，外觀為上下兩層，其內部兩層之間有一暗層，黃琉璃瓦卷棚歇山頂。前簷明間開門，燈籠框隔扇門六扇，兩次間為燈籠框檻窗。閣之上層迴廊環繞，玲瓏輕盈。

這是一處供登臨遠眺的建築，登閣俯視，風光綺麗，北望景山，峻挺蔥鬱。清代乾隆、道光、咸豐等皇帝都留有吟詠此閣的詩句。清嘉慶皇帝將乾隆皇帝御筆書萬餘幅珍藏於此，並為此作了一篇《延暉閣記》。

閣下空地乃清代選秀女之處，清室規定秀女須出自滿、蒙、漢八旗之家，首選滿族。秀女的年齡為十三歲至十七歲，

1　2

3

1 延暉閣
2 堆繡山
3 堆繡山石獅

十三歲開始參選，十七歲以後稱為「逾歲」，不再參選，可自由婚嫁。中選者就成為皇帝妃嬪的候選人，皇帝給予封號的即正式成為皇帝的妃嬪。有的秀女也會被指配給皇子皇孫或皇家宗室的子弟們為福晉。慈禧就是在十七歲時被選為秀女。

堆秀山

堆秀山，明曰堆繡山，清乾隆年間改名堆秀山，位於御花園中東北部、欽安殿後東北側，山北依宮牆，高約十米。堆秀山為一座人工假山，整座山完全是由奇形怪狀的石塊堆砌而成，堆山匠師們稱這種手法為「堆秀式」，因此得名。

山正中洞門題為「堆秀」，山巔建御景亭。清代又在山間設噴泉石獸，為宮中現存唯一的水法設施。山的東西各有登道，拾級而上可達山頂御景亭。

御景亭

御景亭高聳於御花園北的堆秀山上，是宮苑中眺望風景的絕佳之處。亭內天花藻井，並面南設寶座，亭外設石供桌。此亭為重陽節帝后登高之處。

凝香亭

凝香亭明嘉靖時建，原名金香亭。凝香亭為方形攢尖頂，四柱，柱間設坐凳欄杆，天花板繪五彩百花。黃、藍、綠三色琉璃瓦相間。凝香亭與花園西北隅的玉翠亭形制基本相同。

玉翠亭

玉翠亭，原名毓翠亭，建於明嘉靖十五年（1536 年），萬曆十九年（1591 年）後重建。方形攢尖頂，四柱，柱間設坐凳欄杆，天花板繪五彩百花。

順貞門

順貞門位於內廷中路北端，為御花園之北門。始建於明初，原稱坤寧門。明嘉靖十四年（1535 年）因坤寧門移至坤寧宮後北圍廊正中而改稱今名，寓順和貞節之意。

順貞門乃內廷通往神武門之重要通道，無故禁開。明代若逢宮人病故，棺櫬從順貞門右側之門送出。皇后赴西苑先蠶壇行祭祀禮或去往圓明園、壽皇殿等處均出入此門，皇帝有時亦經此門出入。清代後宮親族女眷曾奉旨會親於此，候選秀女亦進此門。

順貞門（門洞前方）

齋宮區

皇帝祭天祀地前的齋戒之所

●

齋宮區位於紫禁城東六宮之南，毓慶宮西。齋宮區院落前為齋宮門外院落，齋宮門內為齋宮與後殿誠肅殿，前後二殿以東西遊廊連接。

齋宮系前朝後寢兩進的長方形院落。前殿齋宮，面闊五間，黃琉璃瓦歇山頂，前出抱廈三間，明間、兩次間開隔扇門，兩梢間為檻窗。殿內正中上懸乾隆御筆「敬天」匾。室內渾金龍紋天花，正中為八角形渾金蟠龍藻井。東暖閣為書屋，西暖閣為佛堂。東西各有配殿三間。正殿左右轉角廊與配殿前廊相連，形成三合院帶轉角的格局。後寢宮初名孚顒殿，後改為誠肅殿，面闊七間，黃琉璃瓦歇山頂。殿東西耳房各兩間，東西各設遊廊十一間，與前殿相接。

明代和清前期，祭天祀地前的齋戒均在宮外進行。康熙後期，諸王子儲位之爭激烈，最終皇四子胤禛取得了皇位，同時也為自己樹立了政敵。胤禛即位後，宮廷內部的鬥爭仍十分激烈，雍正為確保平安，於雍正九年（1731 年）在紫禁城內興建齋宮，將祭祀天地前的齋戒儀式改在宮中進行。

齋宮是皇帝舉行大型祭祀典禮前在宮中齋居的地方。齋戒日，齋宮丹陛前恭設齋戒牌和銅人。皇帝與陪祀大臣佩戴齋戒牌，不作樂、不飲酒、忌辛辣，以示虔敬。

走進齋宮，感到這裏雖不及前三殿和後三宮奢華，但也落得清靜。齋宮正殿紅牆綠瓦，分外壯觀。據說這種綠瓦表示皇帝在此不敢妄自尊大，而只可對天稱臣。齋宮正殿是一座無樑柱磚結構拱券建築，故又稱「無樑殿」。屋頂覆蓋着綠色琉璃瓦，簷下斗拱都是琉璃燒製而成。

鐘錶館

鍾表館

奉先殿區

皇帝祭祀祖先的家廟

●

奉先殿區是皇帝在紫禁城內為自己建起的一座家廟，這一區域院落內的主體建築就是奉先殿。奉先殿，位於內廷東路區域，為明、清皇室祭祀祖先的家廟，始建於明初。清沿明制，於清順治十三年（1656 年）重建，後歷經多次修繕和改建，道光元年（1821 年）增修龕座。「奉先」即崇奉祖先之意。

進入誠肅門，就見一寬敞的長方形院落，再穿過奉先門，進入視野的便是奉先殿。殿分前後，中以穿堂連接，俗稱「工」字形殿，四周繚以高垣。前為正殿，後為寢殿。前殿面闊九間，進深四間。黃色琉璃瓦重簷廡殿頂，簷下彩繪金線大點金旋子彩畫。前簷中五間開門，為三交六椀菱花隔扇門，後簷中五間接穿堂，餘皆為檻窗。殿內設列聖列後龍鳳神寶座、籩豆案、香帛案、祝案、尊案等。後殿面闊九間，進深兩間，黃色琉璃瓦單簷廡殿頂，外簷彩畫亦為金線大點金旋子彩畫。前後殿之間以穿堂相連，形成內部通道。室內皆以金磚鋪地，渾金蓮花水草紋天花。殿前月台陳設日晷、嘉量。須彌座及月台四周設欄板、龍鳳紋望柱。無配殿、廡房，僅在殿前奉先門外正南有群房十三間，為神庫、神廚。東一小院，內有一座三間的小殿，為明嘉靖帝朱厚熜為奉其父興獻王朱祐杬而建。

奉先殿是明、清兩朝祭祀皇帝祖先之處，即為皇帝家廟。每年元旦（春節）、冬至、萬壽（生日）等國家大慶典，皇帝都在前殿大祭列祖列宗。每逢列聖列后誕辰、忌辰及元宵、清明等節日，於後殿上香行禮。每月初一，皇帝要親自向列祖列宗獻上時鮮食品。皇帝木蘭秋狝時親射的鹿、獐等獵物亦奉獻於此。另外，宮廷舉行如上徽號、冊立、冊封、御經筵、耕耤、謁陵、巡狩、回鑾等諸典禮，均祇告於後殿。

現在，奉先殿被闢為鐘錶館展廳。故宮博物院中珍藏各式鐘錶一千五百八十餘件，鐘錶館即從中精選部分展出。十八世紀，清代宮廷開始大量使用機械鐘錶。這些鐘錶大多製造於十八世紀和十九世紀，其中不少是舶來品，來自英國、法國、瑞士、意大利等國；還有一部分是國產鐘錶，由清宮內務府造辦處以及廣州、蘇州等地的中國鐘錶匠人製造。從鐘錶館的展品中人們可領略百餘年前中外鐘錶的高超製作技藝。

奉先門

養心殿區

皇帝起居和理政之地

養心殿區位於乾清宮院落的西側，西六宮的南面。養心殿區南部為養心門外一塊長方形小廣場，小廣場東面有遵義門可通往乾清宮，或向南通往內右門外的軍機處。遵義門是養心殿的正門，「遵義」二字出自《尚書》「無偏無陂，遵王之義」。養心門在養心殿南面，為清代皇帝寢宮院落正門。門外陳設一對銅鎦金獅子。門內設雙扇木屏門。門東西兩側又各辟一便門，門內為琉璃轉角影壁。

養心門內即為養心殿，養心殿院落空間並不特別寬闊，但在空間使用的格局上有精心的設計，利於旰衣宵食、日理萬機的君主周旋其間，是清代皇帝高度集權的政治體制下的中心場所，承載了清朝順治帝起八個皇帝的故事，「垂簾聽政」就發生在這裏。

養心殿，明嘉靖十六年（1537 年）建成，「養心」，出自《孟子》，意即修養心性的最好方法是減少各種欲望。養心殿分為前殿、後殿。前殿是處理朝政的地方，後殿為帝后休息的地方。清雍正帝始有八位皇帝在此居住。養心殿為「工」字形殿，前殿面闊三間，通面闊三十六米，進深三間，通進深十二米。黃琉璃瓦歇山式頂，明間、西次間接卷棚抱廈。皇帝的寶座設在明間正中，上懸雍正御筆「中正仁和」匾。前殿明間是皇帝舉行常朝、召見臣僚的地方。明間東側的東暖閣是歷史上有名的垂簾聽政的地方。明間西側的西暖閣則分隔為一大兩小三間，外面的一小間是專供皇帝休息的地方。中間大的一間為皇帝機要辦公處，曰「勤政親賢」室，最裏面的一小間是乾隆皇帝的讀書處「三希堂」。

康熙六十一年（1722年）雍正登上了皇位，入住養心殿後，養心殿西暖閣便成為皇帝的辦公室，幾乎每天雍正皇帝都要在這裏工作到深夜。他每晚的睡眠時間甚至不足四個小時。他在位的十三年裏，現存的四萬多份奏摺上，他的批語多達一千萬字。乾隆繼位後對養心殿進行了改造，他在西暖閣裏增添了一間不足八平方米的小屋，這就是聞名於世的三希堂。三希堂，原名溫室，清乾隆十一年（1746年）因收藏了晉代大書法家王羲之的《快雪時晴帖》、王獻之的《中秋帖》和王珣的《伯遠帖》三件稀世之寶，而更名為三希堂。乾隆書寫的匾額和《三希堂記》墨跡，至今還懸掛在牆上。1924年遜帝溥儀出宮時企圖攜出《快雪時晴帖》被查扣。該帖現藏台北故宮博物院。《中秋帖》《伯遠帖》被太妃攜出，1951年中國政府重金贖回，重歸故宮博物院典藏。

從雍正到清末近二百年間，清代有八位皇帝先後居住在養心殿。在同治、光緒兩朝，養心殿東暖閣是慈禧與慈安「垂簾聽政」之地。養心殿的後院正殿為皇帝居住的地方，正殿東西

養心殿內景

中正

又各設五間房，東側名為體順堂，西側為燕禧堂，是皇后的住所。東圍房為妃嬪的臨時住所。

體順堂，明代建造，初名隆禧館，清咸豐年間改稱綏履殿，光緒初年始名體順堂，堂匾為慈禧太后親筆。「體順」，出自《周易》，有「順以從君也」之意。堂前陳放一塊巨大的水晶石，寓有光明磊落、純潔無瑕之意。

燕禧堂，明建，初名臻祥館，雍正時，無殿額。咸豐賜名平安室，光緒時改今名。

同治初年，兩宮太后垂簾聽政時，慈安住在東側的體順堂，慈禧住在西側的燕禧堂。

東六宮

東六宮區

皇帝后妃的居所

●

東六宮區位於中軸線上後三宮區的東面，包括景仁宮、延禧宮、承乾宮、永和宮、鍾粹宮、景陽宮六座宮殿院落，是明、清兩代后妃的居所。清宮有詞云：「盈盈十五不知春，偏惹君王注視頻。愁煞宮中諸女伴，一方紅綿束腰身。」王朝更迭，歲月滄桑，一切無法釋懷的悲歡離合，早已化為歷史的塵埃……

在清朝，後宮分為八個等級，分別為皇后、皇貴妃、貴妃、妃、嬪、貴人、常在、答應。還有最小的 —— 官女子：就是可以陪皇帝過夜的宮女。《康熙全傳》記載，康熙帝后妃中貴人以上者有四十九人，冊封在冊的后妃有六十七人，而那些身份低微的答應、常在等據說共有二百餘人。

東六宮的總體格局十分規整，每一座宮殿都是兩進院落，前殿舉行儀禮，後殿用於起居。前、後院落正殿的東西兩側各設配殿和耳房，後院西南角有井亭一座，此為六宮規整一致的格局。延禧宮院內殿宇在清道光年間經火災燒毀後一直未能復建，至清末宣統年間，隆裕太后意欲在其中修建一座西洋風格的水殿，後被迫停建，現存鐵鑄構架與漢白玉石基。

明、清兩代，東六宮經過歷朝不同主人的使用，每座宮院中的故事都在歷史長河中積澱或流逝，一次次為後來的主人改變着。東六宮的大部分原狀陳列早已無存，現大都闢為文物展館，如景陽宮常舉行故宮博物院捐獻文物特展，承乾宮為青銅器館，鍾粹宮為玉器館等。

景仁宮

景仁宮，內廷東六宮之一。明永樂十八年（1420 年）建成，初曰長安宮，嘉靖十四年（1535 年）更名景仁宮。宮名取自《論語》「知者樂，仁者壽」，以希求仁和壽。清代沿用明朝舊稱，於順治十二年（1655 年）重修，道光十五年（1835 年）、光緒十六年（1890 年）先後修繕。明、清兩代，這裏均作為妃嬪的住所。

景仁宮為二進院，正門南向，名景仁門，門內有石影壁一座，傳為元代遺物。前院正殿即景仁宮，面闊五間，黃琉璃瓦歇山式頂，簷角安放走獸五個，簷下施以單翹單昂五踩斗拱，飾龍鳳和璽彩畫。明間前後簷開門，次、梢間均為檻牆、檻窗，門窗雙交四椀菱花槅扇式。明間室內懸乾隆御題「贊德宮闈」匾。天花圖案為二龍戲珠，內簷為龍鳳和璽彩畫。室內方磚墁地，殿前有寬廣月台。東西有配殿各三間，明間開門，黃琉璃瓦硬山式頂，簷下飾以旋子彩畫。配殿南北各有耳房。

後院正殿五間，明間開門，黃琉璃瓦硬山式頂，簷下施以斗拱，飾龍鳳和璽彩畫。兩側各建耳房。殿前有東西配殿各三

景仁宮後殿

宮門（右側）

間，亦為明間開門，黃琉璃瓦硬山式頂，簷下飾旋子彩畫。院西南角有井亭一座。此宮保持明初始建時的格局。

景仁宮現被闢為捐獻館，室內佈滿了給故宮博物院捐贈文物的各界人士名錄。

延禧宮

延禧宮為內廷東六宮之一，建於明永樂十八年（1420年），初名長壽宮，明嘉靖十四年（1535年）改稱延祺宮。清代又改名為延禧宮。延禧意為迎福請喜之意。康熙二十五年（1686年），延禧宮重修。明、清兩朝均為妃嬪所居，清道光帝之恬嬪、成貴人曾在此居住。

延禧宮原與東六宮其他五宮格局相同，為前後兩進院，前院正殿五間，黃琉璃瓦歇山頂。殿前有東西配殿各三間。後院正殿五間，亦有東西配殿各三間，均為黃琉璃瓦硬山頂。

道光二十五年（1845年）延禧宮起火，燒毀正殿、後殿及東西配殿等建築共二十五間，僅餘宮門。同治十一年（1872年）曾提議復建，但未能實現。

宣統元年（1909年），繼承了慈禧財產的隆裕太后斥資百萬，在這裏修建了一座三層的西洋建築——靈沼軒（又名水晶宮），建築的所有構架均為鐵鑄，但因國庫空虛，財力匱乏，直至宣統三年（1911年）冬尚未完工，後被迫停建。

故宮博物院成立後，1931年6月，在此修建了新型文物庫房。2005年，庫房的東配樓闢為古書畫研究中心，西配樓闢為陶瓷研究中心，中樓內建立了古陶瓷檢測研究實驗室。

承乾宮

承乾宮，內廷東六宮之一。明永樂十八年（1420 年）建成，初名永寧宮，崇禎五年（1632 年）改為承乾宮。「承」即承載、承受，寓意順承天子。順治十二年（1655 年）重修，基本保持明代初建的格局。

宮為兩進院，正門南向，名承乾門。前院正殿即承乾宮，面闊五間，黃琉璃瓦歇山式頂，簷角安放走獸五個，簷下施以單翹單昂五踩斗拱，內外簷飾龍鳳和璽彩畫。明間開門，次、梢間檻牆、檻窗，雙交四椀菱花槅扇門、窗。室內方磚墁地，天花彩繪雙鳳，正間內懸乾隆皇帝御題「德成柔順」匾。殿前為寬敞的月台。東西有配殿各三間，明間開門，黃琉璃瓦硬山式頂，簷下飾旋子彩畫，崇禎七年（1634 年）安匾於東西配殿曰貞順齋、明德堂。

後院正殿五間，明間開門，黃琉璃瓦硬山式頂，簷下施以斗拱，飾龍鳳和璽彩畫。兩側建有耳房。東西有配殿各三間，均為明間開門，黃琉璃瓦硬山式頂，飾以旋子彩畫。後院西南角有井亭一座。此宮保持明初始建時的格局。

目前，承乾宮被闢為青銅器館。

此宮在明代為貴妃所居。清代為后妃所居，清順治帝皇貴妃董鄂氏，道光帝孝全成皇后、琳貴妃、佳貴人，咸豐帝雲嬪、婉貴人都曾在此居住。

清朝初年，承乾宮曾經是順治皇帝董鄂妃的寢宮。董鄂妃從入宮到病故，在承乾宮一共只生活了四年，但她的神祕故事至今是一個難以解開的謎團。

延禧宮

董鄂氏美貌動人、氣質高雅，是朝中內務府大臣鄂碩之女，崇德四年（1639 年）出生，順治十三年（1656 年）入宮。她最初嫁給了順治皇帝的弟弟博穆博果爾親王做福晉，是親王的正室。博穆博果爾是皇太極的第十一個兒子，順治的同父異母弟弟。

一次偶然的機會，姿容絕代、才華出眾的董鄂氏被順治皇帝碰見，兩人一見如故，產生感情。博穆博果爾親王得知董鄂氏與自己的皇帝哥哥關係不正常，異常氣憤，在家中狠狠地訓斥了董鄂氏。順治知道後，無緣無故地打了博穆博果爾親王一記耳摑。年僅十六歲的王爺年輕氣盛，沒過多久，竟然因憤恨死去了。

董鄂氏失去丈夫，被順治皇帝名正言順地接入宮中，順治十三年（1656 年）八月，立為賢妃。十二月，晉為皇貴妃，入住承乾宮。當時順治皇帝僅十九歲，董鄂氏只有十八歲。董鄂氏風華絕代，成為順治皇帝最鍾愛的女子。順治皇帝與紅顏知己董鄂氏在紫禁城中演繹了一場帝王罕有的千古絕唱。

順治十四年（1657 年），董鄂妃生下皇四子，順治欣喜若狂，頒詔天下「此乃朕第一子」，為此祭告天地，接受群臣朝賀。然而這個孩子生下不過數月就夭折了。三年後，董鄂氏憂鬱成疾，在承乾宮病逝，年僅二十二歲。董鄂氏是順治皇帝一生最鍾愛的女子，死後追封為孝獻皇后，與順治皇帝的骨灰一起合葬於清東陵的孝陵。

順治皇帝與董鄂妃四年情分，真心實意。董鄂妃故去，順治喪失理智，先是要求放棄皇位，遁入佛門；後又產生幻覺，想結束自己的生命。孝莊皇太后命人日夜守護他，防止皇帝自盡。順治是個任性脆弱、多愁善感的皇帝，董鄂妃去世使他的精神支柱垮塌，百餘日後，這位癡情天子也駕崩於皇宮，年僅二十四歲。

永和宮

永和宮，內廷東六宮之一，位於承乾宮之東、景陽宮之南。明永樂十八年（1420 年）建成，初名永安宮，嘉靖十四年（1535 年）更今名，永和為長久和諧之意。清沿明舊，於康熙二十五年（1686 年）重修。宮為二進院，正門南向，名永和門，前院正殿即永和宮，面闊五間，前接抱廈三間，黃琉璃瓦歇山式頂，簷角安走獸五個，簷下施以單翹單昂五踩斗拱，繪龍鳳和璽彩畫。明間開門。正間室內懸乾隆御題「儀昭淑慎」匾。東西有配殿各三間，黃琉璃瓦硬山式頂，簷下飾旋子彩畫。東西配殿的北側皆為耳房，各三間。

後院正殿曰同順齋，面闊五間，黃琉璃瓦硬山式頂，明間開門，雙交四椀槅扇門四扇，中間兩扇外置風門，兩側有耳房。東西有配殿各三間，明間開門，黃琉璃瓦硬山式頂，簷下飾以旋子彩畫。院西南角有井亭一座。

明代為妃嬪所居，清代為后妃所居。明崇禎帝的田貴妃、清康熙帝孝恭仁皇后久居此宮。其後，道光帝靜貴妃等先後在此居住。光緒大婚後為瑾妃居所。

在明朝崇禎皇帝的後宮中，有一位田貴妃，是明朝末年崇禎皇帝朱由檢最寵愛的貴妃。本名田秀英，祖籍陝西，後移居揚州，故稱田貴妃為揚州人。她天生麗質，多才多藝，琴棋書畫、騎馬打獵、吹簫調絲，無所不精，無所不能。田貴妃色冠

1　4

2

3

1 承乾宮
2 孝陵全景
3 永和宮
4 清東陵孝陵

六宮、藝壓群芳，是朱由檢的寵妃。她倚仗皇帝的寵愛，在後宮十分驕縱，與周皇后關係比較緊張。後因事被朱由檢斥居別宮，受到冷落，過度憂傷。不久，田貴妃生的皇五子朱慈煥病死，田貴妃抑鬱成疾，於崇禎十五年（1642 年）七月病故，葬在北京昌平十三陵天壽山。崇禎帝與田貴妃，不是妃從帝陵，而是帝從妃園，崇禎帝死後與周皇后同葬於田貴妃的寢園，名思陵。

孝恭仁皇后，烏雅氏，康熙帝妃嬪，雍正帝生母，滿洲正黃旗人，護軍參領威武之女。初入宮侍康熙帝，地位並不很高，由於她聰明多姿、嫵媚動人、態度謙和、為人處世得當，引起了康熙皇帝的注意，遂侍奉皇上，並得到了皇上的喜愛，一步步變為深宮中手握權柄的女人。康熙十七年（1678 年）十月三十日，烏雅氏生了一個男孩，這個人就是四十四年後登上乾清宮龍椅的清朝第五代皇帝 —— 胤禛。雍正元年五月二十三日（1723 年 6 月 25 日），孝恭仁皇后崩逝於永和宮，享年六十四歲，九月與康熙帝合葬清東陵景陵。

鍾粹宮

鍾粹宮，內廷東六宮之一。明永樂十八年（1420 年）建成，初名咸陽宮，明嘉靖十四年（1535 年）更名鍾粹宮，為彙聚精粹之意，隆慶五年（1571 年）改鍾粹宮前殿曰興龍殿，後殿曰聖哲殿，為皇太子居處，後復稱鍾粹宮。清代沿用明朝舊稱，於順治十二年（1655 年）重修。清晚期於宮門內添加垂花門、遊廊等。

鍾粹宮為二進院，正門南向，名鐘粹門，前院正殿即鍾粹宮，面闊五間，黃琉璃瓦歇山式頂，前出廊，簷脊安放走獸五個，簷下施以單翹單昂五踩斗拱，彩繪蘇式彩畫。殿前有東西配殿各三間，前出廊，明間開門，黃琉璃瓦硬山式頂，簷下飾蘇式彩畫。

後院正殿五間，明間開門，黃琉璃瓦硬山式頂，簷下飾蘇式彩畫，兩側有耳房。東西有配殿各三間，均為明間開門，黃琉璃瓦硬山式頂。院內西南角有井亭一座。

鍾粹宮明代為妃嬪所居，曾一度為皇太子宮。清代為后妃居所。清咸豐皇帝奕詝幼年在此居住時，道光皇貴妃，即恭親王奕訢之母亦居此宮，代為撫育奕詝。咸豐帝孝貞顯皇后（慈安太后）自入宮即在鍾粹宮居住，直至光緒七年（1881 年）去世。光緒大婚後，隆裕皇后也曾在此居住。

在鍾粹宮居住過的后妃中有兩位最為有名：一位是慈安，另一位是隆裕，都是清朝歷史上有名的皇后。

慈安（1837–1881 年）：鈕祜祿氏，滿洲鑲黃旗人，是咸豐皇帝的皇后，也是同治和光緒兩朝皇帝的皇太后。咸豐二年（1852 年）受封貞嬪，五月晉貞貴妃，十月奉旨立為皇后，時年十六歲。

咸豐十一年（1861 年）七月十七日，咸豐皇帝卒於承德避暑山莊。咸豐病故以後，慈禧與慈安聯合恭親王發動政變成功，成為垂簾聽政的兩宮太后。慈安識字不多，性情溫和，名義上是兩宮垂簾，實際是慈禧說了算，慈安聽任慈禧為所欲為。但是兩宮垂簾的時間一長，慈安對慈禧的許多做法表示明顯不滿，有時甚至表現強烈。光緒七年（1881 年）慈安太后

同順齋

猝死鍾粹宮，死因成謎。據說，慈安是吃了慈禧派人送來的甜餅，當晚就暴病而死的。喪禮當天，百官親臨鍾粹宮吊唁，看到慈安十指青紫，但沒人敢提出質疑，這也成為晚清一大謎案。慈安死後葬於清東陵之定東陵。

隆裕（1868–1913 年），葉赫那拉氏，滿洲鑲黃旗人，名靜芬。慈禧太后的親侄女。光緒十四年（1888 年）被慈禧太后欽點成婚，次年立為皇后，並在大婚過後住進鍾粹宮。婚後，光緒與隆裕夫婦有名無實。隆裕姿色並不出眾，且性格柔懦，年輕時身為皇后既不得寵，也得不到慈禧太后這位姑姑的歡心。隆裕雖為六宮之主，實際生活卻非常不幸，除了早晚到太后和皇帝宮中請安外，其他時間就把自己關在鍾粹宮中，過着寂寞無味的生活。民國二年正月十七日（1913 年 2 月 22 日），隆裕皇后在紫禁城後宮病逝，與光緒帝合葬清西陵崇陵。

鍾粹宮現被闢為玉器館，長年在此進行玉器類文物的展示。

景陽宮

景陽宮，為內廷東六宮之一，位於鍾粹宮之東、永和宮之北。明永樂十八年（1420 年）建成，初名長陽宮，嘉靖十四年（1535 年）更名景陽宮。「景陽」含景仰光明之意。康熙二十五年（1686 年）重修。景陽宮為二進院，正門南向，名景陽門，前院正殿即景陽宮，面闊三間，黃琉璃瓦廡殿頂。明間開門，次間為玻璃窗。明間室內懸乾隆御題「柔嘉肅敬」匾，室內方磚墁地，殿前為月台。東西有配殿各三間，明間開門，黃琉璃瓦硬山式頂，簷下飾旋子彩畫。

後院正殿為御書房，面闊五間，明間開門，黃琉璃瓦歇山式頂。東西各有配殿三間，明間開門，黃琉璃瓦硬山式頂，簷下飾以旋子彩畫，西南角有井亭一座。

景陽宮在清朝乾隆時期是宮廷藏書處，乾隆以後一直作為書畫儲藏之地。但在明朝卻有眾多妃嬪在此居住過，最有名的是明光宗的生母王恭妃。

王恭妃是萬曆皇帝朱翊鈞的生母李太后的宮女。一天，萬曆皇帝到太後宮中請安，「私幸」了王氏，王氏遂有身孕。但萬曆皇帝卻不承認此事。太后盼望得到皇孫，命人拿來《起居註》，對照當時日期，萬曆只好勉強承認了。按照明朝宮廷規矩，皇帝的起居有專人記錄在冊，叫《起居註》。宮女承恩，必有御賜記物，文書房內侍記錄年月日時辰及賜物，倘若有孕，以便核對。

在沒有辦法的情況下，萬曆皇帝將王氏封為恭妃，住在景陽宮，實際上等於關進了冷宮。萬曆十年，王恭妃生下了皇子朱常洛。王恭妃生下朱常洛後就與兒子住在一起，母子相依為命。萬曆皇帝的寵妃鄭氏後來也生下一個兒子，萬曆寵愛至極。鄭貴妃為使自己的兒子能夠繼位，就對王恭妃與朱常洛百

鐘粹門

鍾粹門

般陷害排擠。萬曆二十年，在太后和大臣們的全力爭取下，萬曆皇帝不得已立朱常洛為太子，朱常洛搬出景陽宮。兒子當了太子，但是王恭妃依然盼不到出頭之日，她被幽禁在景陽宮，在無數個寂寥的深夜，輾轉難眠，悄聲嗟怨，整整十年不能與兒子見面，晉封就更談不上了。

王恭妃在景陽宮深知皇宮險惡，日夜替兒子擔憂害怕，哀怨自己命苦，哭瞎了眼睛。萬曆三十九年，也就是冊立太子後十年，王恭妃病危，太子多次請求皇帝允許他去探視，最終獲得批准。當太子趕到母親居所時，景陽宮依然深鎖不開。太子無奈，破鎖而入。 臨終時，王氏終於見到了自己的兒子，可惜早已雙目失明。她伸出手撫摸着兒子，百感交集，淒然淚下，只說了一句話：「我兒長大，我死何恨。」然後就斷氣了。可憐這位宮女、皇妃，在深宮中苦熬了近三十年，始終沒有盼到出頭之日，就這樣離開了人間。

慈安陵

西六宮區

皇帝妻妾的居所

●

紫禁城內廷西六宮，在明、清兩朝皆作為皇帝妻妾的居所。西六宮區位於內廷中軸線左側，與東六宮對應。西六宮包括永壽宮、翊坤宮、儲秀宮、太極殿、長春宮和咸福宮。

這裏的歌舞昇平彷彿就在昨夜，轉眼已是人去樓空。唯有那些高牆深院，伴着如水的月光，彷彿述說昔日的故事。俱往，不論寧靜若水，或滔天巨浪；不管君王愛恨，深宮情仇，還是人間爾虞我詐，都塵封在這古老而神祕的後宮裏。這就是後宮，僅僅一牆之隔，有的集萬千寵愛於一身，有的卻獨守枯燈寂寞一生。不知曾有多少妙齡宮女在窗邊對月垂淚，感懷身世飄零，徹夜難眠。

西六宮上下近六百年，演繹着皇室太多的故事，明、清兩代，二十四位皇帝，上千位后妃，每個人都是一部歷史，每個人都有一番讀不完說不盡的悲歡離合。

永壽宮

永壽宮為內廷西六宮之一，建於明永樂十八年（1420年），初名長樂宮。嘉靖十四年（1535年）改名毓德宮，萬曆四十四年（1616年）又更名為永壽宮。清代延用。清朝順治十二年（1655年）、康熙三十六年（1697年）、光緒二十三年（1897年）都曾重修或大修，但仍基本保持明初始建時的格局。「永壽」，出自《論語》，表示對仁、壽的祈求。

永壽宮為兩進院，前院正殿永壽宮面闊五間，黃琉璃瓦歇山頂。外簷裝修，明間前後簷安雙交四椀菱花槅扇門。殿內高懸乾隆皇帝御筆匾額「令德淑儀」。正殿有東西配殿各三間。後院正殿五間，東西有耳房，殿前東西亦有配殿各三間。院落東南有井亭一座。

永壽宮為明代妃嬪、清代后妃所居之處。明萬曆十八年（1590年），皇帝曾在此召見大學士申時行等人；崇禎十一年（1638年），因國內災情異象屢屢出現，皇帝在此宮齋居。明、清史上唯一在冷宮中出生的皇帝明孝宗的生母紀宮人曾在此短暫居住。

明代的紀妃是廣西賀縣當地少數民族土官的女兒，其父親是當地民族的首領，帶頭反對明王朝的統治，被朝廷派兵鎮壓，妻女被掠到京師為奴。因為紀氏幼小，長得端莊秀麗，就被留在宮中使用。隨着年齡增長，因她機警通文，被授為女史，管理皇家典籍。一次，紀氏被憲宗皇帝偶然臨幸，懷上了龍種。

當時憲宗皇帝正寵愛着比他大十八歲的萬貴妃。萬貴妃驕橫，尤其不能容忍宮中其他女子妊娠，逼迫紀氏吃藥墮胎，

永壽門

但是胎兒沒打下來。太監張敏動了惻隱之心，謊稱紀氏得了脹肚病並非有孕，這才逃過一劫。

按照明朝宮規，有病或有罪宮女不能留在皇宮，紀氏便被送到北海西側羊房夾道院內圈禁，明憲宗成化六年生下皇子朱祐樘。太監張敏等人把男嬰藏在暗室，偷偷喂養。朱祐樘長到五歲，張敏找機會向憲宗皇帝哭訴了隱情。憲宗當時後繼無子，就到北海羊房夾道看望兒子。五歲的朱祐樘從暗室出來，非常瘦弱，胎髮未剃，頭髮拖到腳面，明憲宗好生悲喜，就把朱祐樘接進皇宮，封為太子。紀氏因兒得福，被封為皇妃，脫離苦海，住進永壽宮。

但好日子只過了一個月，紀氏就突然暴病而死。宮裏一致認為是萬貴妃所害，但皇帝卻置之不理，不予追究，成為永壽宮歷史上一樁悲慘疑案。

朱祐樘自幼經歷坎坷，九死一生，所以即位後廉潔賢明。他是中國歷史上罕見的淡泊女色的皇帝，他不僅沒有寵妃，而且沒有冊立過一個妃嬪，只是與皇后張氏過着民間恩愛夫妻式的生活。明孝宗弘治皇帝朱祐樘在位十八年間，吏治清明、任賢使能、抑制宦官、勤於務政、倡導節約，是明代歷史上少有的經濟繁榮、人民安居樂業的和平時期，史稱「弘治中興」。

清代順治帝皇貴妃董鄂氏、恪妃，嘉慶帝如妃曾在此居住。雍正十三年（1735 年），雍正皇帝崩，孝聖憲皇太后居永壽宮，乾隆皇帝居乾清宮南廊苫次，並詣永壽宮問安。乾隆三十七年（1772 年）和恪和碩公主下嫁，乾隆五十四年（1789 年）和孝固倫公主下嫁和珅之子，均設宴於永壽宮。

翊坤宮

翊坤宮，內廷西六宮之一，明、清時為妃嬪居所。明萬曆朝的鄭貴妃、崇禎帝寵妃袁貴妃、清康熙朝的宜妃郭絡羅氏以及晚年慈禧都曾是這裏的主人。翊坤宮建於明永樂十八年（1420 年），始稱萬安宮，嘉靖十四年（1535 年）改為翊坤宮。清沿用明朝舊稱。清代曾多次修繕，原為二進院。後殿體和殿，清晚期連通儲秀宮與翊坤宮時，將其改為穿堂殿，翊坤宮遂成為儲秀宮院落的前殿。東西耳房各改一間為通道，使翊坤宮與儲秀宮相連，形成四進院的格局，關上殿門，南北即不能通行，兩宮依然可以成為獨自院落。翊坤宮是東西六宮中最豪華的庭院。

翊坤宮正殿面闊五間，黃琉璃瓦歇山頂，前後出廊。簷下施斗拱，樑枋飾以蘇式彩畫。門為萬字錦底、五蝠捧壽裙板槅扇門，窗為步步錦支摘窗，飾萬字團壽紋。明間正中設地平寶座、屏風、香几、宮扇，上懸慈禧御筆「有容德大」匾。東西次間與梢間用隔扇相隔。殿前設「光昌」屏門，意喻光明盛昌，台基下陳設銅鳳、銅鶴、銅爐各一對。東西有配殿曰延洪殿、元和殿，均為三間黃琉璃瓦硬山頂建築。翊坤宮東配殿慶雲齋，西配殿是道德堂，均為三間黃琉璃瓦硬山頂建築。

後殿體和殿，殿匾是「翔鳳為林」。 殿面闊五間，前後開門，當中一間為可以進出的過道。東二間相連，西二間亦相通。殿內正中懸掛的是慈禧太后題寫的「體一苞元」大匾。殿前有東西配殿，東南有井亭一座。後簷出廊，東西兩側接遊廊，北轉與儲秀宮東西配殿相連。

翊坤宮

儲秀宮

西六宮的儲秀宮，是明、清兩代后妃們居住的地方。始建於明永樂十八年（1420 年），原名壽昌宮，嘉靖十四年（1535 年）改名儲秀宮。清代曾多次修葺。光緒十年（1884 年）為慶祝慈禧五十壽辰，耗費白銀六十三萬兩進行大規模整修，現存建築為光緒十年重修後的形制。

儲秀宮原為二進院，清晚期拆除了儲秀門及圍牆，並將翊坤宮後殿改為穿堂殿，稱體和殿，連通儲秀宮與翊坤宮，形成相通的四進院落。儲秀宮前廊與東西配殿前廊及體和殿後簷廊轉角相連，構成迴廊。迴廊牆壁上鑲貼琉璃燒製的《萬壽無疆賦》是眾臣為祝慈禧壽辰所撰。

儲秀宮為單簷歇山頂，面闊五間，前出廊。簷下施斗拱，樑枋飾以淡雅的蘇式彩畫。門為楠木雕萬字錦底、五蝠捧壽、萬福萬壽裙板隔扇門。內簷裝修精巧華麗。明間正中設地屏寶座，後置五扇紫檀嵌壽字鏡心屏風，上懸「大圓寶鏡」匾。東側有花梨木雕竹紋裙板玻璃隔扇，西側有花梨木雕玉蘭紋裙板玻璃隔扇，分別將東西次間與明間隔開。東次、梢間以花梨木透雕纏枝葡萄紋落地罩相隔；西次、梢間以一道花梨木雕萬福萬壽紋為邊框內鑲大玻璃的隔扇相隔，內設避風隔，西梢間作為暖閣，是居住的寢室。

儲秀宮的庭院寬敞幽靜，兩棵蒼勁的古柏聳立其中，殿台基下東西兩側安置一對戲珠銅龍和一對銅梅花鹿，為光緒十年慈禧五十大壽時所鑄。東西配殿為養和殿、綏福殿，均為面闊三間的硬山頂建築。

後殿為麗景軒，面闊五間，明間開門，單簷硬山式黃琉璃瓦頂，有東西配殿曰鳳光室、猗蘭館。麗景軒原為妃嬪居所，清咸豐六年（1856 年）慈禧為懿嬪時在此居住並為咸豐帝生下了皇子載淳，即後來的同治皇帝。光緒十年（1884 年），慈禧太后在五十歲生日時又移居儲秀宮，並將後殿定名為麗景軒。

明朝和清朝前期，儲秀宮居住的都是普通妃嬪。從清嘉慶朝開始，這裏成為西六宮一座重要宮殿，居住過許多重要的后妃。晚清慈禧太后做貴人、貴妃以及太后時都曾居住在儲秀宮，末代皇帝溥儀的正妻婉容則是儲秀宮的最後一位主人。

婉容出身滿洲旗人，知書識禮，1922 年，已滿十六歲的婉容不僅容貌秀美、儀態不凡，且琴棋書畫無所不通。同年，她被選入宮，成為清朝史上最後一位皇后。

婚後，婉容就居住在這儲秀宮之中。當時已是二十世紀初期，西方的文化和生活方式早已傳入中國。貴族出身的婉容更是從小就接觸到西方文化，並把其帶入紫禁城。在這裏婉容穿洋裝、吃西餐、彈鋼琴，並把儲秀宮的後殿麗景軒改建為西餐廳，安裝豪華水晶吊燈、陳設鋼琴。今天，在儲秀宮的後殿麗景軒依然能夠看到當年末代皇后婉容用過的西式家具、鋼琴和餐具。婉容在翊坤宮廊下曾設鞦韆嬉戲，廊下的鞦韆還尚存。這是這個王朝皇后在這裏留下的最後記憶。據說，當 1924 年秋日，馮玉祥的國民軍開到神武門外，將要驅逐溥儀即日出宮時，溥儀和婉容正在儲秀宮說笑。

體和殿

太極殿

太極殿，內廷西六宮之一，建於明永樂十八年（1420 年），初名未央宮，因嘉靖皇帝朱厚熜的生父興獻王朱祐杬生於此，故於嘉靖十四年（1535 年）更名啟祥宮。清咸豐九年（1859 年）改建，與長春宮連為四進院。清代晚期改稱太極殿。「太極」，出自《周易》，意即宇宙之本體。

啟祥宮本為妃嬪的居所。至清晚期，長春宮與啟祥宮改建，兩個宮院前後貫通，合為一座四進院落。啟祥宮亦改名為太極殿。

太極殿面闊五間，黃琉璃瓦歇山頂，前後出廊。外簷繪蘇式彩畫，門窗飾萬字錦底團壽紋。室內飾石膏堆塑五福捧壽紋天花。明間與東西次間分別以花梨木透雕萬字錦地花卉欄杆罩與球紋錦地鳳鳥落地罩相隔，正中設地屏寶座。殿前有高大的祥鳳萬壽紋琉璃屏門，與東西配殿組成一個寬敞的庭院。

後殿為體元殿，黃琉璃瓦硬山頂，面闊五間，前後明間開門。體元殿後還接出抱廈，作為長春宮戲台，清光緒十年（1884 年）慈禧太后五十壽辰時就曾在此看戲慶壽。明萬曆年二十四年（1596 年），乾清、坤寧兩宮火災後，萬曆皇帝朱翊鈞曾在此居住十數年，成為明、清歷史上唯一在此居住和處理政務的皇帝。晚清時期，慈禧太后、隆裕太后都曾居住在此。遜帝溥儀出宮前，同治帝瑜太妃曾居太極殿。

朱翊鈞（1563-1620 年），隆慶皇帝朱載垕第三子，隆慶六年（1572 年）五月二十六日，隆慶皇帝死於乾清宮，十歲的朱翊鈞即位。萬曆皇帝朱翊鈞在位四十八年，為明代在位時間最長的皇帝。萬曆四十八年(1620年)七月二十一日，朱翊鈞死於弘德殿，葬於十三陵定陵。

萬曆皇帝朱翊鈞親政初期，勤於政務，後期不理朝政，荒淫殘暴，肆意揮霍，終日與妃嬪飲酒作樂，過着糜爛的生活。全國上下民怨沸騰，民不聊生。萬曆十一年(1583年)朱翊鈞趁祭陵之便，帶領文武官員、術士、欽天監等在天壽山親自選定陵址，確定建陵規制。據傳說，定陵建成後萬曆皇帝非常高興，帶領后妃和群臣來到陵園，一時興起，竟在地下宮殿飲酒作樂。明定陵地面建築的總佈局呈前方後圓形，含有中國古代哲學觀念「天圓地方」的象徵意義。定陵主體建築由地上和地下兩部分組成。地上建築有陵門、祾恩門、祾恩殿、明樓、寶城等。定陵地下宮殿是十三陵中第一座被發掘的皇家陵寢。行走在地下宮殿，寒氣撲面，蒼穹盡顯，彷彿與時光逆向而行，恍若隔世。

長春宮

長春宮，內廷西六宮之一，明永樂十八年(1420年)建成，初名長春宮，嘉靖十四年(1535年)改稱永寧宮，萬曆四十三年(1615年)復名長春宮。咸豐九年(1859年)改建與太極殿連成四進院，並將太極殿(啟祥宮)後殿改為穿堂殿，咸豐帝題額曰「體元殿」。長春宮、太極殿(啟祥宮)兩宮院由此連通。

長春宮面闊五間，黃琉璃瓦歇山式頂，前出廊，明間開門，隔扇風門，竹紋裙板，次、梢間均為檻窗，步步錦支窗。明間設地屏寶座，上懸「敬修內則」匾。左右有簾帳與次間相隔，梢間靠北設落地罩炕，為寢室。殿前左右設銅龜、銅鶴各

儲秀宮庭院

儲秀宮
CHU XIU GONG

一對。東配殿曰綏壽殿，西配殿曰承禧殿，各三間，前出廊，與轉角廊相連，可通各殿。長春宮前陳設鎦金銅獅和銅鶴，南面的體元殿後接出抱廈可做長春宮戲台，庭院周邊廊內壁上繪十八幅《紅樓夢》故事的壁畫，顯示出晚清時期在此居住的女主人的情趣。長春宮南面，即體元殿的後抱廈，為長春宮院內的戲台。東北角和西北角各有屏門一道，與後殿相通。

後殿曰怡情書史，與長春宮同期建成，面闊五間，東西各有耳房三間。東配殿曰益壽齋，西配殿曰樂志軒，各三間。後院東南有井亭一座。

長春宮明代為妃嬪所居，天啟年間李成妃曾居此宮。清代為后妃所居，乾隆皇帝的孝賢皇后曾居住長春宮，死後在此停放靈棺。孝賢皇后死後，乾隆下旨，長春宮要長期保存孝賢皇后在世時的陳設，並於正中懸掛皇后的畫像。乾隆帝經常來此憑弔這位紅顏薄命的賢后。清朝晚期的慈安和慈禧兩宮太后也曾在長春宮居住過。同治元年，慈安住在長春宮東暖閣，慈禧住西暖閣。一直到同治十年，慈安搬出長春宮到東六宮的鍾粹宮居住，這裏成為慈禧太后的獨有宮院。1884 年，慈禧也搬出長春宮到她早年居住過的儲秀宮居住。長春宮最後一位主人是末代皇帝溥儀的妃子文繡。

咸福宮

咸福宮為內廷西六宮之一，建於明永樂十八年（1420年），初名壽安宮。嘉靖十四年（1535年）更名為咸福宮，取《易經》中咸卦的陰陽交感而得吉福之意。清康熙二十二年（1683年）重修咸福宮。

咸福宮為兩進院，正門咸福門為琉璃門，內有四扇木屏門影壁。前院正殿額曰「咸福宮」，面闊三間，黃琉璃瓦廡殿頂，山牆兩側有卡牆，設隨牆小門以通後院。殿前有東西配殿各三間，硬山頂，各有耳房。

後院正殿名為同道堂，「同道」取志同道合之意。面闊五間，硬山頂，東西各有耳房三間。前簷明間安槅扇門，設簾架，餘間為支摘窗；後簷牆不開窗。室內設落地罩隔斷，頂棚為海墁天花。

咸福宮為后妃所居，前殿為行禮昇座之處，後殿為寢宮。明朝在此居住過的后妃有萬曆皇帝的李敬妃。乾隆年間改為皇帝偶爾起居之處。嘉慶四年（1799年）正月，乾隆皇帝駕崩，嘉慶帝住於咸福宮守孝，下令不設床，僅鋪白氈、燈草褥，以此宮為苫次，同年十月才移居養心殿。此後咸福宮一度恢復為妃嬪居所，道光帝琳貴人（莊順皇貴妃）、成貴妃、彤貴妃、常妃等都曾在此居住。道光三十年（1850年），咸豐皇帝住於咸福宮為道光皇帝守孝，守孝期滿後仍經常在此居住。

儲秀宮

游人止步
NO ENTRY FOR VISIT

慈寧宮區

太后和太妃養老之地

●

從乾清門廣場穿過隆宗門向西走不遠就來到了慈寧宮區。這裏是太后、太妃們養老的地方。當皇帝駕崩後，他的皇后、妃嬪就要搬離東西六宮，遷至西路的慈寧宮和壽康宮居住。失去丈夫的皇太后、太妃、太嬪，她們中大多數人都還風華正茂，卻得在這裏過着近乎隱居的生活。慈寧宮區主要建築有慈寧宮、壽康宮、慈寧宮花園等。慈寧門為殿宇式大門，面闊五間，進深三間，黃琉璃瓦歇山頂，坐落於漢白玉須彌座上，周圍環以石雕望柱、欄板。門前出石階，當中設龍鳳御路石。階前左右陳列銅鎏金麒麟各一。門內接高台甬道與慈寧宮月台相連。門前兩側為「八」字形影壁。

慈寧宮

慈寧宮位於內廷外西路隆宗門西側。慈寧宮始建於明嘉靖十五年（1536 年），清順治十年（1653 年）重建。清乾隆元年（1736 年）進行修葺並改建周圍建築。乾隆十六年（1751 年）均加以修葺，將其作為皇太后居住的正宮。乾隆三十四年

（1769 年）興工將慈寧宮正殿由單簷改為重簷歇山頂。

正殿慈寧宮居中，前後出廊，黃琉璃瓦重簷歇山頂。面闊七間，當中五間各開四扇雙交四椀菱花槅扇門。兩梢間為磚砌坎牆，各開四扇雙交四椀菱花槅扇窗。殿前出月台，正面出三階，左右各出一階，台上陳設銅鎦金香爐四座，日晷、嘉量各一，銅龜、銅鶴各一對。月台前兩側陳列銅缸各一。東西兩山設卡牆，各開垂花門，可通後院。

如今，慈寧宮已經改建為陳列故宮歷代雕塑的雕塑館。雕塑館陳列的文物主要涵蓋陶俑、畫像磚石、佛像三大類，展出四十五件文物，皆為故宮博物院雕塑類藏品中遴選出的精品，尤為值得關注的是東漢永和五年石羊、北齊石佛像及菩薩像、唐開元二年陶俑、北宋木雕彩繪貼金觀音像、清代銀鎦金六世班禪像等，均為難得一見的稀世珍品。

明朝慈寧宮為前代皇貴妃所居。據《明宮史》記載：萬曆年間慈聖李太后，泰昌元年（1620 年）萬曆帝鄭皇貴妃、昭妃等人曾在此居住。天啟七年（1627 年）明熹宗卒，其皇貴妃等人移居此處。

清朝順治十年（1653 年），慈寧宮迎來了它在清朝的第一位主人 —— 孝莊文皇后，自此成為太皇太后和皇太后的住所，太妃、太嬪等人隨居。孝莊，蒙古科爾沁部貝勒寨桑之女，十三歲時其父安排將她嫁給三十四歲的皇太極為妻。孝莊天生麗質，稱得上清朝前期的絕代佳人，也是一個英明睿智的女人。孝莊作為清太宗皇太極的妻子、順治帝的母親、康熙帝的祖母，一生經歷太宗、世祖、聖祖三朝，輔佐兩代幼主，是一位兼具美貌與智慧的傳奇女性。

慈寧宮

慈寧門

慈寧宮區

順治帝為慶祝母后的生日，寫下了三十首詩獻給孝莊太后。康熙主政以後，孝莊太皇太后在慈寧宮頤養天年，康熙帝也數十年如一日地奉養太皇太后。據史料記載，康熙帝經常在慈寧宮為太后舉行各種儀式宴會，特別是太后壽辰時，康熙更是親自率眾行禮，並與近支皇戚一同彩衣起舞，禮節十分隆重。康熙皇帝極為孝敬自己的祖母，孝莊得病時，這位不信神的皇帝曾祈求上天，讓自己減壽換得祖母康復。慈寧宮，寓意着仁愛和靜謐，曾見證了皇家的至尊禮儀和溫馨親情。

康熙二十六年（1687 年），孝莊七十五歲時去世，康熙悲痛欲絕，將棺槨停放於慈寧宮，並想就此將慈寧宮改為孝莊停靈的享殿，只是被眾多大臣勸阻，認為沒有這樣的規制，最終只好作罷。後來，孝莊被安葬在河北清東陵的昭西陵。

孝莊病歿後，此後的太后、太妃們都覺得自己的身份有點「壓」不住這座令人敬畏的太後宮，所以這裏就再沒住過人了。慈寧宮成為專供舉行典禮的場所，主要是為太后舉行重大典禮的殿堂，凡遇皇太后聖壽節、上徽號、進冊寶、公主下嫁，均在此處舉行慶賀儀式。

大佛堂

大佛堂，即慈寧宮後殿，為清代太后、太妃禮佛之所，可能因其是清宮眾多佛堂中體量最大者，俗稱為「大佛堂」。

大佛堂面闊七間，進深三間，黃琉璃瓦歇山式頂。殿前月台陳設香爐、香筒。殿內裝修考究，佛龕、供案、佛塔、佛像、經卷、法物、供器等陳設眾多。

如今，佛教造像館展室位於慈寧宮後殿的大佛堂明間及其東暖閣。大佛堂西廡為磚石畫像館展室。

壽康宮

在熱播劇《甄嬛傳》中，壽康宮就是嬛嬛最後的住所。而在真正的歷史中，位於紫禁城外西路的壽康宮是乾隆皇帝為生母崇慶皇太后建造的頤養起居之所。

乾隆皇帝的生母鈕鈷祿氏是雍正皇帝的妃子。鈕鈷祿氏，在清代正史中為滿洲鑲黃旗人，原為四品典儀官、一等承恩公凌柱之女，十三歲入雍王府，康熙五十年（1711 年）生皇子弘曆即乾隆。康熙六十年（1722 年），康熙帝參加雍親王家宴時，見到了十二歲的皇孫弘曆，十分喜愛，遂召見鈕祜祿氏，稱她是有福之人。雍正元年鈕鈷祿氏封熹妃，旋進皇貴妃，弘曆登基後，以父皇遺命，尊其母為崇慶皇太后。歷史上對這位鈕鈷祿氏的前半生記載不多，當她出現在紫禁城中的壽康宮時，已經是一位極盡尊崇的皇太后了。她恪守婦道，從不干政，母憑子貴，九上徽號。乾隆對她十分孝順，多次出遊都帶她隨行，領略江南美景，三山五嶽，萬歲千秋奉壽康。

壽康宮位於內廷外西路，慈寧宮西側。始建於清雍正十三年（1735 年）十二月，竣工於乾隆元年（1736 年）十月，是乾隆皇帝為其生母崇慶皇太后建造的頤養起居之所。「壽康」一詞出自《尚書・洪範・五福》，意為長壽健康。

壽康宮南北三進院，院牆外東、西、北三面均有夾道，西夾道外有房數間。院落南端壽康門為琉璃門，門前為一個封閉的小廣場，廣場東側是徽音右門，可通慈寧宮。

大佛堂

進入大佛堂的垂花門

壽康門內正殿即壽康宮。殿坐北朝南，面闊五間，進深三間，黃琉璃瓦歇山頂，前出廊，明間、次間各安三交六椀菱花槅扇門四扇，梢間為三交六椀菱花槅扇檻窗各四扇，後簷明間與前簷明間相同，其餘開窗。殿內懸乾隆皇帝御書「慈壽凝禧」匾額，殿堂對聯「玉琯應陽春，祥開南極；瑤宮呈麗景，慶洽西池」。

殿前出月台，台前出三階，中設御路石，月台左右亦各出一階。東西梢間闢為暖閣，東暖閣是皇太后日常禮佛之佛堂，乾隆四十二年（1777 年）崇慶皇太后去世後，乾隆皇帝為紀念母親特制的金髮塔即供奉在此。

壽康宮以北是第二進院，後殿為壽康宮的寢殿，是皇太后的起居之所。寢殿面闊五間，進深三間，黃琉璃瓦歇山頂。前簷出廊，梢間安裝有步步錦槅扇、玻璃風門，次間、梢間安有窗戶，上為步步錦窗格，下為玻璃方窗。室內用槅扇分成五間。後簷明間開有槅扇門，接疊落式穿堂，直通後罩房。

壽康宮最初是乾隆皇帝為其母后崇慶皇太后建的寢宮，崇慶皇太后之後，壽康宮就順理成章地成了太后的養老之地。乾隆朝孝聖憲皇太后、嘉慶朝穎貴太妃、道光朝孝和睿太后、咸豐朝康慈皇太后都曾在此頤養天年，連權傾朝野的慈禧太后為彰顯自己的皇太后身份，也在壽康宮小住了一段時間。

隨着清朝的沒落，壽康宮變得蕭條落寞，最後一個住在壽康宮的人，並不是太后身份，她是同治皇帝的遺孀瑜妃赫舍里氏。她年輕時姿色姣好，而且聰明機敏，精通文墨，琴棋書畫無所不能。宣統皇帝三歲即位，由隆裕太后撫養，隆裕太后死後，瑜太妃便接着撫養退位後的溥儀。1924 年 11 月 5 日上午，馮玉祥發動北京政變，溥儀及其妻妾被逐出紫禁城時，瑜太妃和瑨太妃以年老不便，得以暫留紫禁城。瑜太妃在紫禁城的最後日子就是在壽康宮度過的。1924 年 11 月 24 日，隨着這位老太妃的離場，壽康宮的大門也轟然關閉，直到 2015 年 10 月 11 日，才重新對外開放。

慈寧宮花園

慈寧宮區域開放後與緊鄰慈寧花園的考古發掘現場相互依託，目前在此區域修了一個木棧道，觀眾可走棧道到達慈寧花園門口，同時還能在廊內參觀考古發掘的過程。在這裏不僅能看到清代華麗的宮殿，也可以看到元代的歷史遺址。

慈寧宮花園位於內廷外西路慈寧宮西南，始建於明嘉靖十七年（1538 年），清乾隆三十年（1765 年）改建。慈寧宮花園是明、清太皇太后、皇太后及太妃嬪們遊憩和禮佛之處。花園南北長一百三十米，東西寬五十米，佔地面積六千八百平方米。園中現有咸若館、慈蔭樓、吉雲樓、寶相樓、延壽堂、含清齋、臨溪亭等九座建築。

園中的建築集中於花園北部，南部則蒔花種樹，疊石壘池。花園南部有一東西窄長的矩形水池，當中橫跨漢白玉石橋，橋上建亭一座，名曰臨溪亭，北與咸若館相對。臨溪亭東西兩側池畔環以漢白玉望柱欄板，池水清澈見底，池中游魚自得，蓮花芬芳。臨溪亭是慈寧宮花園內主要建築之一，始建於明萬曆六年（1578 年），原名臨溪館，明萬曆十一年（1583 年）更名臨溪亭。臨溪亭處於樹影碧波環繞中，意境清雅，是皇太后、太妃嬪們遊園休憩、賞花觀魚的絕佳場所。

1　3

2　4

1 壽康宮
2 壽康宮後殿
3 壽康門
4 壽康宮大門和宮牆

臨溪亭南北兩端各設一座花壇，裏面種植着牡丹、芍藥等花卉。園中樹木以松柏為主，間有梧桐、銀杏、玉蘭、丁香等，集中分佈在咸若館前和臨溪亭周圍。

咸若館

咸若館位於慈寧宮花園北部中央，是園中主體建築，為清代太后、太妃禮佛之所。明代初建時稱咸若亭，萬曆十一年（1583 年）更名曰咸若館。清乾隆年間先後大修、改建，即今所見形制。咸若館坐北朝南，正殿五間，前出抱廈三間，四周出圍廊。正殿為黃琉璃瓦歇山式頂，抱廈為黃琉璃瓦卷棚式頂。館內裝飾考究別致：樑檩上的龍鳳和璽彩畫燦然生輝，頂部的海墁花卉天花清麗淡雅，並陳設龕、案、佛像、法器、供物等。咸若館以北為慈蔭樓，東西兩側為寶相樓與吉雲樓。

1 2
3
4
5

1 慈寧宮花園東院考古遺址
2 慈寧宮花園
3 集雲樓
4 寶相樓
5 臨溪亭

请勿
No Climbing or

寧壽宮區

乾隆皇帝歸政尊養的宮院

●

走進乾清門廣場東端的景運門，就會看到一片寬闊的廣場，它的北面是齋宮，南面是箭亭，東面是錫慶門，進入這道門，就走進了寧壽宮區。

為建造寧壽宮耗銀近一百四十四萬兩，歷時五年，是乾隆皇帝為自己退位之後準備的太上皇宮殿。為了體現太上皇的特殊身份，寧壽宮擁有自己獨立的中軸線，也分劃了相當於外朝和內廷的前後兩個區域，所屬宮殿大多仿照故宮的主體建築而建，名稱也多含長壽和頤養天年之意。建築規制仿紫禁城中軸線殿宇，分前後兩部。前半部分建築從南至北依次為九龍壁、皇極門、寧壽門、皇極殿、寧壽宮；後半部分建築分為三路，中路有養性殿、樂壽堂、頤和軒、景祺閣，東路有暢音閣和閱是樓，西路是寧壽宮花園（乾隆花園）。寧壽宮以南相當於外朝，養性殿以北等同於內廷。寧壽宮區以皇極殿為重心，前有皇極門、寧壽門，後有寧壽宮，被稱為紫禁城中的「小紫禁城」。

寧壽宮區幾乎是乾隆朝宮殿建築的精華薈萃大院，乾隆皇帝在此有限區域力圖集中他一生中最得意的宮殿建構，殿閣樓台亭齋軒館無不具備。

乾隆將皇位傳給嘉慶帝以後，仍住在養心殿，直到去世，並未住過寧壽宮。乾隆六十多歲下令修建寧壽宮時根據自己的身體狀況樂觀地認為自己將有一百歲的壽命，他打算履行諾言禪位後再繼續訓政四年，到期頤之年的九十歲再真正退休住到寧壽宮頤養天年。但他高估了自己的壽命，壽至期頤的願望最終沒能實現。

錫慶門

錫慶門是寧壽宮區西南隅的大門，是太上皇宮殿區通往紫禁城中路或外朝等處的重要樞紐。門內即皇極門廣場及九龍壁，門外即箭亭廣場。錫慶門位於內廷外東路，是寧壽宮區西南隅的大門。錫慶門外是一片開闊的空地，沿宮牆向北為俗稱之「東筒子」路，南側有外奏事房六間，西南是箭亭，西北是奉先殿，再向西則為景運門。錫慶門內為一東西窄長的小廣場，北為寧壽宮之正門皇極門，南為九龍壁。

九龍壁

九龍壁在寧壽宮區最南面，皇極門外。從乾清門廣場向東穿過景運門，進入錫慶門，就可看到聞名遐邇的九龍壁。

九龍壁位於紫禁城寧壽宮區皇極門外。壁長二十九點四米，高三點五米，厚零點四五米，是一座背倚宮牆而建的單面琉璃影壁，為乾隆三十七年（1772 年）改建寧壽宮時建造。

九龍壁

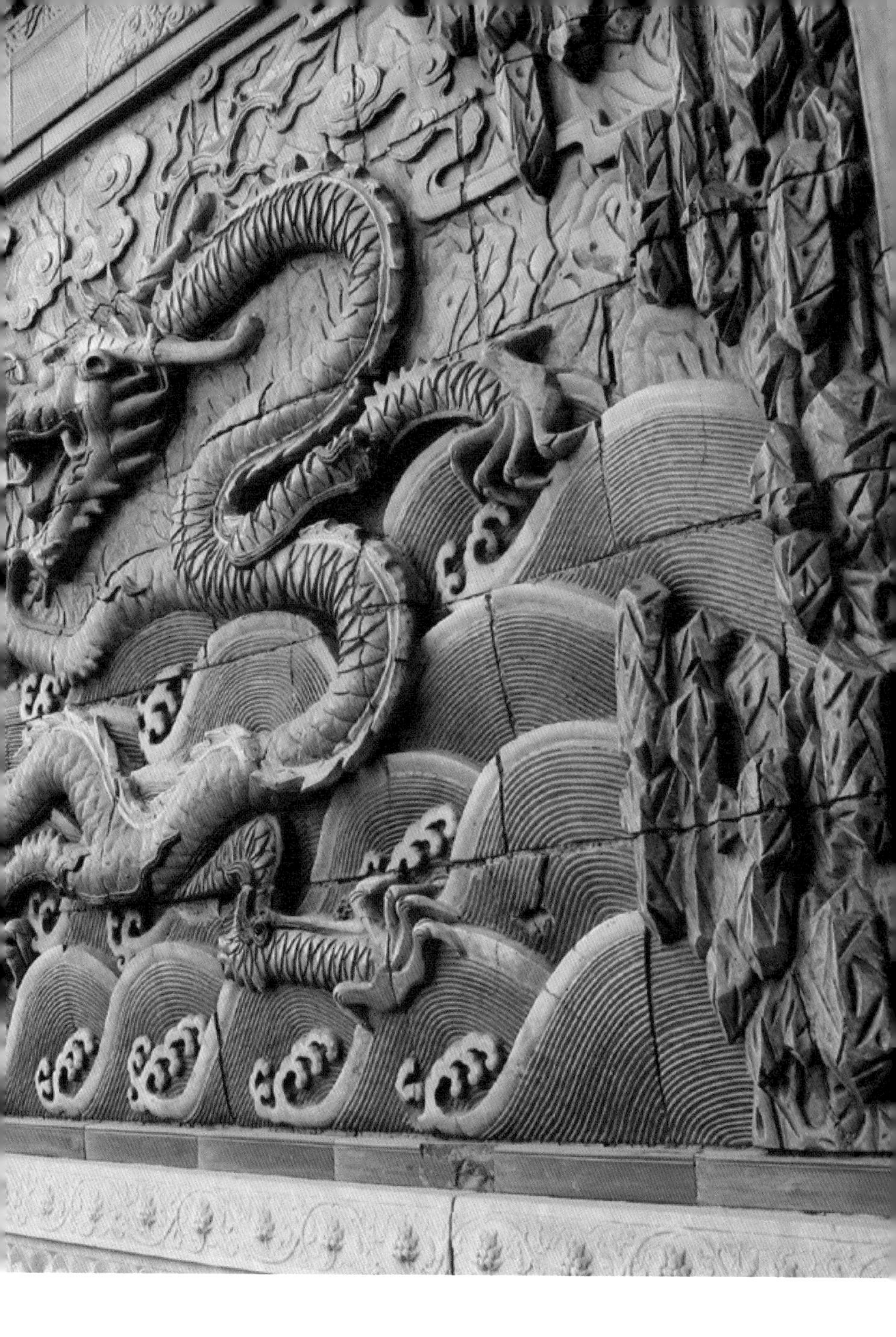

壁上飾九龍蜿蜒於雲氣與海水之間，各戲一顆寶珠，故稱「九龍壁」。整個九龍壁是由二百七十塊琉璃飾件拼接而成。整幅壁面將九龍分隔在五個裝飾空間內，黃龍居中，東西兩側各分佈藍、白、紫、黃色行龍。壁上部為黃琉璃瓦廡殿式頂，簷下為仿木結構的椽、檁、斗拱。壁面以雲水為底紋，分飾藍、綠兩色，烘託出水天相連的磅礴氣勢。下部為漢白玉石須彌座，端莊凝重。壁上九龍以高浮雕手法製成。九龍壁寓含中國古代代表天子之尊的九五之數。九龍體貌端整蒼勁，體現着太上皇宮殿尊嚴華貴的風格。紫禁城的氣派、帝王的神聖都在九龍壁上體現了出來。

九龍壁是中國古代建築的特色，是帝王貴族出入的宮殿或者王府的正門對面，是權力的象徵。在中國，九是極數，意為天子，九龍壁是影壁的一種，在正大門作為屏障。紫禁城內的九龍壁與山西大同九龍壁、北京北海公園九龍壁合稱「中國三大九龍壁」。

說起紫禁城的九龍壁還有一個扣人心弦的故事。在紫禁城裏的九龍壁上，有一條「與眾不同」的龍，就是從東數第三條白龍的腹部不是琉璃製成，而是木頭。據說當年建造九龍壁時，由於工期緊、難度大，在燒製琉璃件時，不慎燒壞了這塊龍腹構件。由於工藝要求高、難度大，按件燒製，沒有備份，當時已經沒有足夠的時間再燒一次了，眼看就要驗收了，交不了工的話是要殺頭的。這時，一位工匠急中生智，連夜用一塊楠木雕刻成龍腹的形狀，再刷上白色的油漆，絲毫看不出破綻，瞞過了前來驗收的官員，工匠們也因此躲過了一場殺身之禍。據傳，末代皇帝溥儀被馮玉祥將軍轟出紫禁城後，偶然在報紙上看到了這一「欺君大案」，他當時竟然還叫囂着要嚴懲這些「刁民」呢。

皇極門

皇極門是寧壽宮區的正門，建於清乾隆三十六年（1771年）。皇極門外南面正對大型琉璃影壁 —— 九龍壁，門內北面則與寧壽宮門遙相呼應。皇極門為隨牆琉璃牌樓門，琉璃門三座，坐落於漢白玉須彌座上。三座門洞皆為券頂，上覆門樓，黃琉璃瓦單簷廡殿頂，氣勢恢宏，形制獨特，製作精美，兼有門的形式與壁的特色，堪稱紫禁城內琉璃門之冠。

皇極門北與寧壽門相對，過寧壽門為皇極殿，皇極殿後是寧壽宮。

皇極門

寧壽門

寧壽門在皇極門北面。清乾隆年間（十八世紀後期）改建寧壽宮為太上皇宮殿時，將此門制依乾清門制度改建。寧壽門為殿宇式宮門，坐落於漢白玉石台基上，黃琉璃瓦歇山頂，面闊五間，進深三間。前簷正中三間建為敞廳，兩梢間下砌檻牆。兩側山牆接八字影壁。後簷以金柱為界，明間和左右次間設門，兩梢間以牆封堵，牆為素面飾砂綠邊。門建於漢白玉石台基上，中設丹陛，三出階，左右置鎦金銅獅各一。門內設高台甬路與皇極殿相連，周飾欄板。門外廣場東西兩側植姿態各異的檜柏，高古蒼勁。門前左右置鎦金銅獅各一。門兩側山牆接八字影壁。門內設高台甬路與皇極殿相連。光緒朝（十九世紀末），慈禧太后六十大壽時在這裏舉行慶典。

皇極殿

皇極殿為寧壽宮區的主體建築，始建於清康熙二十八年（1689 年），初名寧壽宮。乾隆三十七年（1772 年）至四十一年（1776 年）改建寧壽宮一區建築時，將寧壽宮改稱為皇極殿，嘉慶七年（1802 年）、光緒十年（1884 年）重修。「皇極」出自《尚書》「皇建其有極」，意為人君建立天下最高准則。

皇極殿位於寧壽宮區中軸線前部，與後殿寧壽宮前後排列於單層石台基之上。殿坐北朝南，面闊九間，進深五間，取帝尊九五之制。黃琉璃瓦重簷廡殿頂，前簷出廊，枋下渾金雕龍雀替。明間和左右次間設殿門，餘各次間下砌檻牆。後簷明、次間闢為殿後門，可達寧壽宮，餘各間砌牆。殿中四根瀝粉貼金蟠龍柱，頂置八角渾金蟠龍藻井，下設寶座，品級僅次於太和殿。時過境遷，物是人非，大殿顯得格外空曠靜謐。

殿建於青白石須彌座上，前出月台。御路與甬道相接，直貫寧壽門，四周通飾漢白玉石欄板。月台左右及甬道兩側各設台階。殿兩側為垂花門、看牆，分別與東西廡房相接，將院落隔為前後兩進。廡中開門，東為凝祺門，西為昌澤門。

皇極殿丹陛左右分置日晷、嘉量，是體現皇權的重要陳設。御道兩側各有六方須彌座一個，座上置重簷六角亭，亭身每面鐫篆體壽字各三。

此殿是乾隆皇帝歸政後當太上皇臨朝受賀的地方。嘉慶元年（1796 年）在皇極殿裏舉行了清朝歷史上規模最大的一次「千叟宴」，參加宴會的老人共有三千零五十六位，身為太上皇的乾隆也已經是八十六歲高齡了。

光緒二十年（1894 年）在皇極殿行慈禧六十壽辰賀禮。光緒三十年（1904 年）慈禧七十歲生日前後，在此分別接見奧、美等九國使臣。慈禧死後，梓棺葬入陵寢前曾暫時安放於此。

寧壽宮

寧壽宮位於皇極殿後，建於明代，原名仁壽宮。清康熙二十八年（1689 年）修葺，初為寧壽宮後殿，乾隆三十七年（1772 年）至四十一年（1776 年）將前殿建為皇極殿，原匾額移至後殿，遂改稱後殿為寧壽宮。

寧壽宮建於單層石台基之上，台與皇極殿相接，四周以黃綠琉璃磚圍砌透風燈籠矮牆。宮面闊七間，進深三間，單簷歇山式頂。寧壽宮兩側建廡房及南轉角與東西兩廡相連。

寧壽門

「寧壽」出自《尚書》中的「五福」，有健康長壽之意。乾隆帝八十壽典、嘉慶帝五十壽典，曾在此賜宴皇子、王公大臣。

寧壽宮後面的建築可分為三路，中路有養性殿、樂壽堂、頤和軒、景祺閣，東路有暢音閣和閱是樓，西路是寧壽宮花園，也稱乾隆花園。

養性門

養性門位於寧壽宮區中央位置，是太上皇宮殿區域後寢部分的宮門，養性門內以北依次為養性殿、樂壽堂、頤和軒等後寢宮殿，成為寧壽宮後寢區的中軸線。養性門外廣場東面為暢音閣後台扮戲樓的院落，廣場以西可從衍祺門進入乾隆花園地帶。

養性殿

養性殿位於寧壽宮後的養性門內，為寧壽宮後寢主體建築之一。清乾隆三十七年（1772 年）仿內廷養心殿建造，體量略小，平面佈局特殊。殿為黃琉璃瓦歇山頂，面闊三間，每間以方柱支撐，隔為九間，前接卷棚抱廈四間。

在寧壽宮的北面，為清乾隆四十一年（1776 年）仿養心殿規制建成，是乾隆皇帝興建的太上皇起居宮殿。「養性」出自《孟子》，取涵養心性以事天之意。

乾隆皇帝雖預備將此地作為歸政後的居所，實際並未住過，只曾在此賜宴王公大臣。晚清，慈禧太后住樂壽堂時，在此殿東暖閣用膳。光緒皇帝在此住過，並曾與慈禧太后在此接見外國使臣夫人。

現此處闢為珍寶館展廳。

樂壽堂

樂壽堂為紫禁城寧壽宮後區中路建築之一，其南是養性殿，其北有頤和軒。清乾隆四十一年（1776 年）仿長春園淳化軒規制建成，乾隆皇帝預備作為他歸政後的讀書憩息之所。樂壽即安樂長壽之意。樂壽堂面闊七間，進深三間，周圍廊。清末，慈禧太后六十壽典後，曾居此堂，以西暖閣為寢室。

頤和軒

頤和軒在寧壽宮區中路，樂壽堂的後面。頤和軒後為景祺閣，頤和軒與景祺閣之間連以穿廊，形成工字殿。頤和軒建於乾隆三十七年（1772 年），嘉慶七年（1802 年）、光緒十七年（1891 年）兩次重修。

頤和軒面闊七間，進深一間，單簷歇山式頂，覆黃琉璃瓦。前簷出抱廈五間，後簷出抱廈三間。明間有穿廊三間，北接景祺閣。頤和軒前月台左側設有日晷，月台接甬路與樂壽堂相通，甬路兩側各設琉璃花池。頤和軒現被闢為珍寶館展廳。

景祺閣

景祺閣位於內廷外東路、寧壽宮中路北端。清乾隆三十六年（1771 年）建，嘉慶七年（1802 年）和光緒十七年（1891 年）加以修繕。景祺閣為二層樓閣式建築，面闊七間，進深三間，黃琉璃瓦歇山頂。景祺閣前西側小院內有迴廊與乾隆花園符望閣相通，東側有敞廳三間，與景福宮相鄰。景祺閣後小院內有房屋遺址，清末光緒皇帝之珍妃曾幽禁於此，小院西牆外即為珍妃井。

皇極殿

暢音閣

暢音閣位於寧壽宮後區東路南端，坐南面北，為清宮內廷演戲樓。乾隆三十七年（1772 年）始建，四十一年（1776 年）建成。嘉慶七年（1802 年）曾維修，現存建築為嘉慶年間改建後的規制。

暢音閣三重簷，通高二十點七一米，卷棚歇山式頂，覆綠琉璃瓦黃琉璃瓦剪邊，一、二層簷覆黃琉璃瓦。閣面闊三間，進深三間。上層簷下懸「暢音閣」匾，中層簷下懸「導和怡泰」匾，下層簷下懸「壺天宣豫」匾。內有上中下三層戲台，上層稱福台，中層稱祿台，下層稱壽台。暢音閣是紫禁城中最大的戲樓。上演大型戲劇時，三層均有演員，可容納千人。此閣朝北，與帝后等賞戲的閱是樓相對。每逢年節，宮中即在此開演大戲，台上、台下都熱鬧非凡。很難想象紫禁城內廷深宮之中，肅穆沉雄的殿堂之內，也曾經有過鑼鼓喧天中的遙吟俯唱。

閱是樓

閱是樓位於寧壽宮後區東路，在暢音閣大戲樓的北側，為清宮觀戲場所，乾隆三十七年（1772 年）建。「閱是」蘊含着觀世事，判是非的意思。樓坐北面南，前有月台，東西有配樓。閱是樓單簷二層，卷棚歇山頂，覆黃琉璃瓦，綠琉璃瓦剪邊，繪金龍和璽彩畫。樓面闊五間，進深三間，前出廊。

閱是樓為皇帝、后妃、皇子等人觀戲處，廂廊是王公大臣陪觀處。每逢元旦（春節）、萬壽（皇帝生日）等重大節日，帝、後和王公大臣都來此看戲，大臣分列兩側迴廊。清代，最愛看戲的應屬乾隆皇帝與清晚期的慈禧太后。

現在這裏是清宮戲曲陳列的場所。

寧壽宮花園

寧壽宮花園又稱乾隆花園，位於寧壽宮後區西路，乾隆四十一年（1776 年）建成，是乾隆皇帝退位後作為太上皇御用花園而建造的。

衍祺門是乾隆花園的正門。門內假山為屏，中通一徑，繞過假山，空間豁然開朗，給人以「山重水複疑無路，柳暗花明又一村」之感。花園南北長一百六十米，東西寬三十七米，西靠宮牆，東臨宮殿。全園由古華軒、遂初堂、萃賞樓、符望閣四部分組成。院內古木參天，奇花爭艷，山石起伏，亭台樓閣富麗精巧，曲徑迴廊玲瓏剔透，彩畫雕刻精美，佈局格調清雅，既有宮廷花園富麗堂皇的氣派，又融匯了江南園林精巧秀雅的特色，別有一番情趣。

寧壽宮花園南北分隔成四進院落，每一院的佈局各具特色。

花園第一進院落西側是禊賞亭，乾隆四十一年（1776 年）建成。亭前抱廈內地面鑿石為渠，曲迴盤折，取「曲水流觴」之意，稱流杯渠。亭坐西面東，坐落於須彌座平台上，面闊三間，進深三間，前出抱廈，平面呈凸形，三面出歇山式頂，中間為四角攢尖琉璃寶頂，黃琉璃瓦綠剪邊，簷下飾以蘇式彩畫。第一進院主體建築為古華軒，乾隆四十一年（1776 年）建成，是歇山卷棚式屋頂的敞軒。匾額為乾隆御筆「古華軒」。軒體樑、柱、天花板、落地花罩等均為金絲楠木製作，雕工細膩，精美異常。軒前有古老楸樹一棵，樹齡三百年以上，當為建園之前既有。西南有坐西朝東一座「品」字形亭，名曰禊賞亭，軒前一株古楸樹，軒因此得名。軒東山巒上有承露台，軒

1 2

3

1 珍寶館和石鼓館
2 養性門
3 暢音閣戲台

西為鑿有流杯渠的禊賞亭，亭北山上有旭輝庭。軒南有假山，其間有曲徑。軒東南角有曲廊、矩亭、抑齋圍成的小院，院內東南堆砌假山，山上小亭名擷芳亭。擷芳亭建於石山之上，高出牆垣，佇立亭中可俯瞰院內外風景。

古華軒

古華軒後垂花門內即第二進院。遂初堂為寧壽宮花園第二進院落的主體建築，建於清乾隆三十七年（1772 年），嘉慶、光緒年間重修，取乾隆祈求長壽退位初願得遂之意。遂初堂面闊五間，進深三間，坐北面南，黃琉璃瓦卷棚歇山頂，綠琉璃瓦剪邊，前後出廊。前廊下懸乾隆御筆滿漢文「遂初堂」匾。東西有配房，轉角廊、倒座廊將正房、配房、垂花門連為一體，是個典型的三合院。園中聳立着幾塊奇妙的太湖石，四周漢白玉石座上陳列着富有天然情趣的山石盆景。整個院落顯得古樸寧謐。

遂初堂後第三院以山景為主。院中峰巒起伏，山間有深谷，山下有隧洞通向四方。上山有蹬道，山上有天橋，聳秀亭屹立山頂。院北有萃賞樓，西有延趣樓，東南麓有坐北面南的三友軒，三面出廊，東面緊靠樂壽堂西廊。

萃賞樓北是花園最後一院，主體建築符望閣，閣南山屏之上建有碧螺亭。亭南有小虹橋通萃賞樓。山屏西南養和精舍平面為曲尺形。閣西有玉粹軒，閣北有倦勤齋。

倦勤齋

倦勤齋位於寧壽宮花園最北端，符望閣後，北倚宮牆。清乾隆三十七年（1772 年）仿建福宮花園中的敬勝齋而建。倦勤齋坐北朝南，面闊九間，卷棚硬山頂，覆綠琉璃瓦，黃琉璃瓦剪邊。前出廊，簷下繪蘇式彩畫。明間簷下懸乾隆御筆「倦勤齋」匾額，取「耄期倦於勤」之意。室內嵌竹絲掛簷，鑲玉透繡扇，一派江南風韻，精緻幽雅。倦勤齋西四間西側是一座方形小亭，坐西面東。亭為木質仿竹紋，亦稱竹亭，四角攢尖式頂，上置塗金木寶頂，此為倦勤齋小戲台，為太上皇在室內觀戲而建。齋前由東西兩段遊廊隔成一個方整幽雅的庭院，院中古柏聳立。倦勤齋室內裝飾講究，極為雅靜，設有龍榻和小戲台，是乾隆遊園休憩的地方。

乾隆曾在符望閣內題詩中寫「耆期致倦勤，頤養謝喧塵」，也是表達自己退位後的期望，倦勤齋的名字也得於此詩。不過乾隆當了太上皇後並沒有真正地交出手中的權力，所以也並未在這裏居住，更多時間這裏成為乾隆聽戲消遣的場所。閱盡春秋的乾隆皇帝，坐擁過自己的江山，有過輝煌的人生，但一切終究是要歸於從容平淡的。倦勤齋 —— 乾隆皇帝的最後一夢。

乾隆皇帝於乾隆四十一年（1776 年）寫下了這樣一首御製詩：

題倦勤齋

敬勝依前式，倦勤卜居後。
撫時斯異矣，題額故殊諸。
娛老非關政，沃心那廢書。
廿年期此願，未識可能如。

1 3

2

1 禊賞亭
2 遂初堂
3 古華軒

珍妃井

倦勤齋東，貞順門內就是著名的珍妃井。這是一口普通的水井，因珍妃而得名。珍妃是禮部侍郎長敍之女，滿洲鑲紅旗人，清德宗光緒皇帝的寵妃。光緒十四年（1888 年）十月初五，慈禧太后選定其弟副都統桂祥的女兒葉赫那拉氏為光緒帝之后，同時封禮部左侍郎長敍的兩個女兒為瑾嬪、珍嬪。光緒二十年（1894 年），兩人同時晉封為妃。據說因大婚之後隆裕皇后失歡於光緒，瑾妃一生持守唯謹，與世無爭，她與皇后走得很近，似乎同病相憐，反與光緒相處漠漠。唯珍妃因年幼而最活潑，她愛美、好打扮，還迷上照相，託人買來照相機學拍照。珍妃日侍左右，想着法子順應光緒的喜愛，如扮出男裝宛如少年美差官，加之她本來就工翰墨會下棋，與光緒共食飲共玩共樂，對於男女之事毫不在意，是以博得光緒專寵。

珍妃因支持光緒新政被慈禧打入冷宮。1900 年，八國聯軍入侵北京，慈禧在出逃前決定置珍妃於死地，以「洋人入城，免受污辱」為由，命太監崔玉貴將珍妃推入慈寧宮後貞順門的井中溺死，珍妃時年僅二十四歲。

第二年慈禧回京後命人打撈上珍妃遺體，追封為貴妃，皆因其一年來常夢見珍妃索命，心中驚懼的緣故。此井遂不再使用，井眼上置井口石，石兩側鑿小洞，用以穿入鐵棍上鎖。慈禧死後，珍妃之姐瑾妃在井北貞順門穿堂東間設珍妃靈堂，名懷遠堂，供着珍妃的牌位，以展哀思。每逢忌日，她會來這裏上香。在瑾妃的記憶中，妹妹落井殉難時的驚恐悲哀是永遠抹不去的記憶。

珍妃初葬於北京西直門外，1913 年，被移葬於清西陵崇妃園陵。

貞順門

貞順門在寧壽宮區最北端，為太上皇宮殿區的後門，始建於清乾隆年。其名稱與紫禁城中路御花園後的順貞門用字相同，遙相呼應。門內即為珍妃井。

1900 年，八國聯軍入侵北京，慈禧和光緒帶領眾人直奔貞順門出逃，宮中不能隨行的妃嬪、宮女和太監都跪在貞順門那裏向慈禧告別。按規矩，妃子們是不能跨出此門一步的。

倦勤齋

斷虹橋

●

紫禁城武英殿東側斷虹橋一帶是最近才開放的區域，靜謐宜人，古槐成林、綠草如茵，是紫禁城內最幽靜之地。行路兩旁所植據傳為元代古槐，有「十八槐」之稱。斷虹橋就坐落在這一帶。

斷虹橋，是一座長約十八米的單孔石拱橋，南北向跨於熙和門外的內金水河上，是故宮現存二十一座石橋中最古老的一座。橋南北向，長十八點七米，最寬處達九點二米。橋面鋪砌漢白玉巨石，兩側石欄板雕穿花龍紋圖案，望柱上的石獅神態各異，宛然如生。斷虹橋用料之考究、裝飾之華麗、雕刻之精美乃紫禁城內諸橋之冠。

斷虹橋以雕刻精美著稱，在兩端橋頭各立有一對飄逸靈動的鎮水石獸，雙側欄板上佈滿華麗的遊龍花卉紋飾，二十根漢白玉望柱上均雕有仰蓮柱頭，每朵盛開的蓮花上都立有一頭造型生動的石獅。最為奇特的是其中十九頭石獅雖然或蹲或坐，形態各異，但全是四爪落地。唯一不同的是南邊起東側第四隻石獅，這隻石獅子在橋上顯得與眾不同。其他石獅子都是四腳着地的，而只有這隻獅子雙腳着地，另外一隻爪子捂着腦袋，還有一隻爪子捂着小腹。關於這隻石獅子的來歷，還有一個傳說。

道光皇帝有九子，長子奕緯，生於嘉慶十三年(1808 年)，十二歲時由祖父嘉慶皇帝封為貝勒。道光五年，十七歲的奕緯奉命居住到父親曾住過的擷芳殿，誰都看出他就是未來的天子。道光是個掩飾欲望、注重名聲的皇帝，他對皇子們的管束很是嚴厲。可是這位皇長子奕緯卻不爭氣，他生性頑劣，不愛讀書，與老師常有衝突。道光十一年(1831 年)四月的一天，老師在上課時教訓奕緯應認真讀書，將來才能做個好皇帝。奕緯卻頂撞說，將來我若當上皇帝，頭一個先殺了你！老師氣憤地去向道光告狀，丟失臉面的道光聞言大怒，當即將奕緯叫來訓斥。就在奕緯下跪請安之際，暴怒的道光猛踢一腳，正中奕緯的下身。奕緯疼痛難忍，抱頭捂腹失聲慘叫，被抬回擷芳殿幾天後就死掉了。這一年奕緯二十四歲，道光五十歲。

奕緯死後不久，有一次道光皇帝經過斷虹橋，看到那個抱頭捂腹作哭泣狀的石獅，頓時想起奕緯被踢時的慘狀，遂命人用紅氈將那個石獅蒙住，不忍再看。此後，宮中留下一段傳言，說死於非命的奕緯，就是由那個倒霉的石獅轉世投胎而來，斷魂回歸而去。

據專家考證：斷虹橋始建於元代，它就是元代皇宮中軸線上的周橋。明代在元代皇宮的舊址上重築皇宮，仍利用元代周橋故物，改名為斷虹橋。 據歷史文獻記載，元代周橋的設計者是楊瓊。楊瓊，河北省曲陽縣人，出身於石匠世家。斷虹橋應該是紫禁城裏最古老的建築了。

斷虹橋

重華宮區

（未開放區）

●

重華宮以正中的一座三進院的殿宇為主，稱為重華宮區，由三座宮殿組成：前殿是崇敬殿，中殿為重華宮，後殿是翠雲館。

重華宮位於內廷西路西六宮以北，原為明代乾西五所之二所。弘曆為皇子時，初居毓慶宮，雍正五年（1727 年）成婚後移居乾西二所，雍正十一年（1733 年），弘曆被封為和碩寶親王，住地賜名樂善堂。弘曆登基後，此處作為肇祥之地昇為宮，名重華。

重華之名出自《尚書・舜典》，孔穎達疏：「此舜能繼堯，重其文德之光華」。堯舜乃上古的賢明帝王，舜繼堯位，後人以堯天舜日比喻理想的太平盛世。大學士張廷玉、鄂爾泰擬此宮名，意在頌揚乾隆皇帝有舜之德，繼位名正言順，能使國家有堯舜之治。

重華宮區域共分三路，以中路為主，中路重華門正對西六宮中間的西二長街。門內第一座大殿名崇敬殿，第二座大殿即重華宮，第三座為翠雲館。這些大殿的內裝修都用香楠木製作，做工異常精美。東路是著名的漱芳齋。齋內落地花罩以楠木雕製。西路為重華宮廚房，是養心殿南御膳房之外的另一處廚房。

崇敬殿

重華宮沿用乾西二所的三進院落格局。前院正殿為崇敬殿，面闊五間，進深三間，黃琉璃瓦歇山頂，前簷正中接抱廈三間，為改建後所添。明間開門，古錢紋欞花槅扇門四扇，其餘為檻窗。崇敬殿原為乾隆做皇子時的居所。殿內正中懸弘曆為和碩寶親王時親筆書匾額「樂善堂」。

重華宮

重華宮原為乾西二所，乾隆皇帝為皇子時居住於此，即為後改建為宮。中院正殿即重華宮，面闊五間，進深一間，黃琉璃瓦硬山頂，明間開門，餘皆為檻窗，前接抱廈三間。殿內明間與東、西次間均以紫檀雕花槅扇分隔，槅扇雕刻精美，是紫禁城宮殿內簷裝修上乘之作，東次間槅扇於光緒十七年（1891年）拆除，改為子孫萬代葫蘆落地罩。

重華宮左右配殿各面闊三間，進深一間，黃琉璃瓦硬山頂。東配殿曰葆中殿，殿內額曰古香齋，曾收儲《欽定古今圖書集成》；西配殿曰浴德殿，殿內額曰抑齋，為乾隆皇帝的書室。院內東西各有井亭一座，東井亭內有井，西井亭僅為對稱而設。

哭泣的獅子

翠雲館

後院正殿為翠雲館，兩側有耳房及東西配殿。翠雲館面闊五間，進深一間，黃琉璃瓦硬山頂，明間開門，餘皆為檻窗。殿內黑漆描金裝修，十分精美。東次間匾曰「長春書屋」，為乾隆皇帝即位前讀書處。

自乾隆八年（1743 年）始，每年正月召集內廷大學士、翰林等人在重華宮賜茶宴聯句賦詩。乾隆皇帝往往另作律詩一兩首，命人刻匾懸於崇敬殿內簷，至乾隆六十年（1795 年）時已掛滿四周。此後嘉慶皇帝將重華宮茶宴聯句作為家法，於每年正月初二至初十期間舉行。道光年間仍時有舉行，咸豐以後終止。

重華宮

崇敬殿

漱芳齋

（未開放區）

●

漱芳齋位於重華宮東側，原為乾西五所之頭所，始建於明永樂十八年（1420 年）。清乾隆帝即位後，改乾西二所為重華宮，遂將頭所改為漱芳齋，並建戲台，作為重華宮宴集演戲之所。漱芳齋的名字是乾隆年間起的。

漱芳齋為「工」字形殿，前後兩進院，前殿與南房、東西配殿圍成獨立的小院，前後以穿廊連接。前殿面闊五間，進深三間，黃琉璃瓦歇山頂，前簷明間安風門，餘皆為檻窗。室內明間與次間以落地花罩分隔，以楠木製作，十分精細，東次室額曰靜憩軒，為乾隆七年（1742 年）御題，是弘曆少時讀書之地。殿前東西配殿各三間，東配殿明間前後皆開門，東出即御花園。

後殿名金昭玉粹，面闊五間，進深一間，前簷明間接穿堂與前殿相連，餘皆為檻窗。另有西耳房一間，西配房三間。

漱芳齋有兩個大小戲台。大戲台位於前院中，與漱芳齋前殿相對，乾隆元年建，是宮中最早的戲台。戲台為亭式建築，面闊、進深各三間，台面九十平方米左右，黃琉璃瓦重簷四角攢尖頂，風格高雅，匾名「昇平葉慶」，為皇宮內僅次於暢音閣大戲台的一所戲台，也是宮中最大的單層戲台，年節時常有演出。每年元旦，皇帝受賀或宴請王公大臣時在大戲台看戲。小戲台位於後殿西梢間，是皇家舉行家宴的地方。小戲台建於清乾隆年間，為竹木結構，樣式小巧，呈方形亭子式，方亭上懸掛着乾隆皇帝書寫的「風雅存」匾額，前簷左右柱上各懸古琴形木製楹聯曰「自喜軒窗無俗韻，聊將山水寄清音」。台後開小門與西耳房相通。殿之東室皇帝聽戲的座席上方懸「高雲情」匾，風格清新高雅，足見乾隆皇帝的藝術修養。

乾隆年間，皇帝每歲新正先至西苑闡福寺拈香，而後到漱芳齋開筆書福。每年正月初一至初十，乾隆帝擇吉日在小戲台設茶宴招待文臣。逢萬壽節、聖壽節、中元節、除夕等重要節日，常侍奉皇太后在後殿進膳、看戲，並賜宴於王公大臣。每年正月初三，乾隆帝在此開茶話會招待文臣。茶用梅英、佛手、松實三品，用雪水烹製，謂之「三清茶」，寓意高潔。與宴限定十八人，寓意「十八學士登瀛洲」。 道光、咸豐、同治等朝依舊奉皇太后或皇貴太妃等人在此用膳。宣統皇帝遜位後，同治帝瑜妃、瑨妃曾居漱芳齋芝蘭室，遇太妃誕辰日，仍於此處傳戲，直至溥儀被迫「即日出宮」。

目前，漱芳齋為故宮博物院貴賓接待處，用於國家領導人及外國首腦參觀故宮時休息，是遊人不得進入的非開放區。

1　2

3

1 浴德殿和井亭
2 葆中殿和井亭
3 翠雲館庭院

建福宮花園

（未開放區）

建福宮花園建於清乾隆五年（1740 年），其東為重華宮，南為建福宮，西面和北面是高高的宮牆。乾隆少年時代就是以皇太子的身份在這裏度過的，在他繼皇位後，將這裏改建為建福宮花園，作為他休息、遊樂之所。

建福宮花園（俗稱西花園）始建於乾隆七年（1742 年），是參照江南園林設計的宮中之園，佔地面積近五千平方米。園中建築形式各不相同，亭台樓閣遊廊曲折，高低錯落，配置山石樹木，景色秀麗典雅，深得乾隆皇帝的喜愛。乾隆皇帝和皇后、皇太后經常來此休息賞景。

建福宮花園格局是以宏偉的延春閣和寬敞的靜怡軒為主，周圍有玉壺冰、凝暉堂、妙蓮花室、碧琳館、敬勝齋、吉雲樓、慧曜樓、積翠亭等建築環繞。建福宮花園集宮、殿、樓、閣、齋、堂、亭、軒於一體，是紫禁城內空間變化最豐富的院落。

乾隆喜歡古玩文物珍寶，他將自己最鍾愛的珍奇文物收藏於此。乾隆去世後，嘉慶皇帝曾下令將此處收藏的珍寶、玩物全部原殿加鎖封存。以後，歷經道光、咸豐、同治、光緒諸朝，誰也沒有啟封，更沒有查庫。直到辛亥革命推翻了清王朝，民國政府同末代皇帝溥儀商定，准許他居住後宮，生活供應由民國政府提供。溥儀喜歡建福宮花園，就把它稍加裝修，居住於此。1922 年，已被趕下皇位但仍住在皇宮的溥儀想知道這裏共存放了多少珍寶，決定來一次徹底的清點。結果，清點工作剛剛開始，一場神祕大火衝天而起，將建福宮花園以及在此存放的珍寶燒了個精光。

1923 年 6 月 26 日晚 9 點多鐘，建福宮花園內的敬勝齋突然發生神祕的火災。迅速蔓延的大火一直燒了十多個小時，整個花園建築被夷為平地。一座巧奪天工的園林和難以計數的珍寶在一夜之間化為烏有。這場災難在當時社會上引起很大震動，起火原因更成了街談巷議的熱點。溥儀認為是太監監守自盜怕被發現而故意縱火，一怒之下把宮中所有太監盡數遣散。

火災後，清廷公佈了一份數據：燒毀金佛二千六百六十五尊，字畫一千一百五十七幅，古玩四百三十五件，古書數萬冊。

1999 年，國務院批准了由香港中國文物保護基金會捐資的建福宮復建工程，2006 年 5 月，建福宮花園復建工程順利竣工。

延春閣位於花園西部正中央，坐北朝南。延春閣以北為敬勝齋。敬勝齋位於花園西部的西北角，坐北朝南。延春閣向東北角是吉雲樓、慧曜樓和靜怡軒。吉雲樓位於花園北端，敬勝齋東側的淨房和慧曜樓之間。延春閣以西為凝暉堂、妙蓮華室和碧琳館。碧琳館以北即為敬勝齋。碧琳館，位於花園西側，北鄰敬勝齋，南鄰妙蓮華室。積翠亭位於延春閣正南側的假山

漱芳齋

漱芳齋戲台

上。玉壺冰位於延春閣南側假山西南，由兩座歇山樓、一座轉角遊廊樓構成。

建福宮花園集宮廷園林和江南園林特色為一體，以宏偉的延春閣和開敞的靜怡軒為主，各色建築錯落有致。樓宇和花廊縱橫的空間裏襯託出延春閣的高聳和宏偉。園內疊石為山，岩洞磴道，幽邃曲折，花木扶疏，環境清幽。

1　　2

3　　4

5　　6

7　　8

1 建福宮花園
2 建福宮花園
3 延春閣
4 積翠亭
5 碧琳館和敬勝齋
6 碧琳館
7 吉雲樓
8 惠風亭、石凳和值房

結 語

●

漫步在紫禁城內，總是擺脫不了歷史的幻影，彷彿一下穿越到了六百年前，彷彿每一塊磚、每一塊瓦，都在傾訴一段古老的故事。我在空無一人的紫禁城靜靜聆聽這裏發生的故事，走在紫禁城的高牆深院、雕欄玉砌和金瓦飛甍之間，看着夜色漸漸降臨，一切景致都歸於寧靜之中，紫禁城因寂靜變得雍容而悠遠。

夕陽西下，映紅了天邊的晚霞，在夕陽的餘暉裏，紫禁城盡顯華麗與神聖。此時的紫禁城，宛若凝固的音樂，似乎在向人們演奏千古的華章。夕陽下沉寂的紫禁城，一如幾百年前夜幕降臨時的城池。

紫禁城夕照

□責任編輯：許　穎
□裝幀設計：霍明志
□排　　版：賀華影
□印　　務：劉漢舉

編著　孫克勤

出版　中華書局（香港）有限公司
香港北角英皇道 499 號北角工業大廈一樓 B
電話：(852) 2137 2338　傳真：(852) 2713 8202
電子郵件：info@chunghwabook.com.hk
網址：http://www.chunghwabook.com.hk

發行　香港聯合書刊物流有限公司
香港新界大埔汀麗路 36 號
中華商務印刷大廈 3 字樓
電話：(852) 2150 2100　傳真：(852) 2407 3062
電子郵件：info@suplogistics.com.hk

印刷　美雅印刷制本有限公司
香港觀塘榮業街 6 號 海濱工業大廈 4 樓 A 室

版次　2020 年 1 月初版

規格　32 開（210mm×140mm）

ISBN　978-988-8674-80-0

本書繁體字版由清華大學出版社授權出版。